远近丛书

树

L'ARBRE

[中]唐克扬　[法]巴士曼　著
沈　珂　译

北京大学出版社
PEKING UNIVERSITY PRESS

“远近丛书”就是想突出不同文化环境中个人的体验和差异。每一本书由一个中国作者和一位法国作者就同一主题同时撰写，然后用法文和中文互译出版。试图把两个全然不同的普通人的生活体验联结在一起，达到互相参照和沟通的目的，这种设计无论在中国还是在法国都是第一次。

乐黛云

中国比较文学学会会长，北京大学中文系教授

我们的跨文化对话用面孔和事件替代了抽象概念。我们这种做法最有典型意义的，则莫过于“远近丛书”了。我们在这套丛书里谈论死亡、美、自然与梦。但却不是对这些重要抽象概念的中欧观念比较论文；而是每一本书的中国作者和欧洲作者以第一人称讲述，并通过谈他们自己对死亡、美、自然与梦的观念，使这些概念具体化。按词源学“言语交错”这个意义上的对话只因为对话伙伴的存在而存在。

卡兰姆

瑞士-法国人类基金会主席

远近丛书

天	[中]汤一介	[法]汪德迈
对话	[中]高宣扬	[法]程抱一
童年	[中]张　炜	[法]施舟人
树	[中]唐克扬	[法]巴士曼

树

树

序

中国古话说“人之不同，各如其面”。朝夕相处的人尚且不相同，何况远隔重洋，在完全不同的文化环境中成长起来的人呢？事实上，就是同一个人，从不同的角度和眼光来看，也全然不同；中国古代诗人苏轼（1037—1101）早就说过：“横看成岭侧成峰，远近高低各不同；不识庐山真面目，只缘身在此山中。”一个封闭的自我是不可能真正认识自己的；一个封闭的民族也不可能真正了解自己的长处和弱点，从而得到发展。所谓“和实生物，同则不继”（《国语·郑语》），就是说，只有参差不齐，各不相同的东西，才能取长补短，产生新的事物，而完全相同的东西聚在一起，则只能永远停留于原有的状态，不可能继续发展。因此，孔子一贯强调必须尊重不同，他说：“君子和而不同，小人同而不和。”有智慧的人总是最善于使不同的因素和谐相处，最大限度地发挥其各自的特点，使之成为可以互相促进的有益的资源，这就是“和”。

要保持独特之处，就必须从每一个人自己的人生体验出发，而不是从已经形成的概念、体系出发。中国古人认为每个人都是生活在自己的时间里，个人在不同的时间里与周围的环境构成一种“情景”，这种“情景”随个人的心情，个人与他人的关系，以及周围景物的变化而变化。没有作为主体的人的体验，外在的一切就不能构成意义。

我们编写这套丛书的动机就是想突出不同文化环境

中人的体验和差异，并期待在这一过程中，遥远的地域环境、悠久的历史进程、迥异的文化氛围都会从这些体验和差异中由内而外地弥漫开来，相互点染。中国和法国远隔重洋，但两国的文化都被公认为是历史悠久、富有情趣、各具特色的。因此，我们首先选择中国和法国作为“远”“近”的两端，进行跨洲际、跨文化的普通人的对话。每一本书由一位中国作者和一位法国作者就同一主题同时撰写，然后用法文和中文互译出版。试图把两个全然不同的普通人的生活体验联结在一起，达到互相参照和沟通的目的，这种设计无论在中国还是在法国都是第一次。令人高兴的是这一设计在中国和法国都引发了许多年轻人，一如年长者的兴趣。以后的各辑将会陆续出版。

另外，我们也希望这是一套供你欣赏，能为你提供美好心情的小书，因此文笔力求亲切活泼，版式也力求精巧玲珑，以便你在车上、船上、临睡时、等待时都可以得到阅读的愉悦。孔子说：知之不如好之，好之不如乐之。孔子赞美的超越于功利的纯美的享受，也正是我们所想奉献给你的。

最后，我们要特别感谢法国人类进步基金会、欧洲跨文化研究院、北京大学出版社和法国DDB出版社的支持，没有他们，这个致力于普通人之间的文化沟通和了解的、面向未来的“创举”就不会有实现的可能。

中国北京大学教授

目　录

唐克扬　　树 / 1

五棵树的梦想 / 2

第一棵树：今又摇落 / 11

第二棵树：古花 / 16

第三棵树：树妖 / 24

第四棵树：木奴 / 33

第五棵树：南柯 / 45

建木一菩提 / 55

巴士曼

树 / 63

第一章　树教给我们的 / 64

第二章　对树的崇拜 / 72

第三章　书写与记忆 / 84

第四章　从城墙到教堂 / 90

第五章　从艺术到战争 / 99

第六章　树发明了齿轮 / 107

第七章　从工具到音乐 / 114

后记　树与人 / 122

树

唐克扬 著

唐克扬是远近丛书十年前的作者（他的第一本书），这十年间他得到了哈佛大学的博士学位，并由文学领域转入建筑和艺术，但是更重要的，是这十年记录了他由童年心绪的暗《夜》到别处开花结果的《树》的历程。唐克扬现从事城市设计和景观建筑的教学、研究和实践工作，作为艺术策展人，他为中国美术馆等文化机构在欧洲策划了包括《活的中国园林》(*Chinese Gardens for Living*) 在内的多次当代艺术展览，作为一个创作者，他有包括《透明石》(*Transparent Stone*)、《长安的烟火》(*Fireworks of Chang'an*) 在内的数种文学、艺术作品问世。

最初的也是最美好的。

五棵树的梦想

那个时代已经不复是树们的时代。在北方的人的原野上，只是稀疏地点缀着两三树木，在饱经战火的城镇旁，在被沙尘和兵匪席卷一空的寂寥的乡村，有个叫做“五棵树”的地方——“五棵树”就像“三间房”“双河”一样，标志着某种简单意义的朴茂的存在，那是寻常可见的人类聚落的名称，它们彼此疏离，互不相属，也从不往来。

有一天，有一个云游四方的南方僧人路过荒寂的小村子，却发现这个名为“五棵树”的地方并没有真正茁壮的大木，也没有多少人的踪迹，村口，在灰黄残破的土垣旁，只有一个种树人在哀切地哭泣，他的身旁，是一把缺了口的锈迹斑斑的铁锹，看上去已经用了不知道多久。

云游僧感到奇怪，禁不住停下来好奇地问他，你在哭什么呢？

“我的先祖流传给我的是一本《种树经》，我们家靠这一行吃饭已经好几个世代，可是到了我这一辈，眼看着就混不下去了……很久很久以前，这个村子的名字叫做‘五棵树’，您现在看到的却只有一棵活着的树，这个村子的人们很快就要搬走，因为这仅存的一棵树马上也要死了，树啊树啊，连你都这样了，你让我们这些人还怎么活下去呢？”

云游僧这才注意到种树人的身边发生的一切，他分辨不出这五棵树是早夭枯死的幼苗，还是死亡后缩了水的大树，甚至也分辨不出它们是乔木还是灌木，因为，它们实在是太瘦小了……看上去严重地营养不良，仅有的一棵还有点绿色的树，仅有的叶子也都泛出了黄色，并且蜷曲着打不起劲头，一切都显示出生命即将衰亡的迹象。

“怎么会呢，”云游僧纳闷地说，“我一路走来，在荒野里常常看到好几围的大树，最初，它们只是幼小没有任何保护的种子，常常就是一阵风，就掺和在鸟粪中从云端里跌落了；没有任何人来照料它们，也无法选择自己生存的环境，这些种子就在那里盲目地滋生，可是很快就长成了……野生的树一点也不娇贵，它们不需要额外的肥料，太阳是现成的，树根可以伸到岩石缝隙的深处去寻找水源……

种树难道会比种庄稼还难吗？”

“听您的口音，您这是从温和的南方来吧？确实，《种树经》上总是说，使树活得长而且生殖力强劲的条件，其实就是‘顺木之天’，那是套苟活者的哲学，不过被加上了‘致其性’的好听说法罢了。树木喜欢自由自在地生长，因此，人们应该伸延它的根茎，舒展它的枝条，树根周围的土壤，尽量保持本来面貌，不要时不时地就去翻动；凡是早夭的树木，全都是因为人们关爱得太殷切，叨扰得太频杂了，最好的种树办法，其实就是丢下它们不管，不必关怀它们的姿态，忧心它们的产量……

“……可是，我不幸生在了严酷的北方，种树书上说的这一切全都用不上……‘白杨多悲风’，大风常常摧折一些还来不及长成的幼木，要是不给它们支个支架什么的，一阵狂风之后这些树苗就全完了；在我们这里，就算是侥幸长成的树木，都会在风里变得奇形怪状，虬曲盘旋，一点也谈不上轻快舒展；再就是上面说过的‘顺木之天’——您知道，野生的梨树和实生苗不经过移栽的，结实都很迟，而且实生苗还迟早会变质，到头来，每个梨可能会有十来粒种子，但是其中顶多两粒能长成梨，其余的都会长成杜树，这样，你就不得不学会些嫁接的技术，因为嫁接的梨树结果显然要比实生苗快……你说，我该怎么办？但是，即使这些我也做不到，嫁接后的苗木要多浇水，勤加呵护，更不用说那些娇贵的'连理枝'什么的，那些我只是在书里听说过罢了……我们这里有很长很冷的冬天，大雪来时所有地面上的草木都会枯萎，有极短极干的春季，树根来不及吸收地里仅有的养分，就已经暴晒在夏天的阳光下了，这样长成的木头木质都很差，曾经长过活过的树，一旦死了都只能用来烧火，村里连一张小板凳都找不到，就更不要说做家具什么的了……”

说着说着，种树人又忍不住哭了起来。

云游僧蹲下来，抚弄着剩下的那棵树上仅存的几根健康的枝条，又瞥了瞥旁边那或倒伏，或枯萎的四棵死树，好像是漫不经心地问着，“如果我可以帮你救活这全部五棵树的话，你又能指望它们怎样呢？”

种树人吃了一惊，似乎有点不敢相信他的耳朵，又似乎不能理解这简单问题的涵义，他长久地望着对方的眼睛，又看看自己的脚下，终于肯定了云游僧并不是一个普通人，因为，就在云游僧的眼睛温和地注视着的时候，他那棵快死的树居然已经又长出一片叶子了。

沉思了很久之后，种树人说，“第一件紧要的事情，当然是要确保眼下的这棵树不死，它是这村里最后的一棵树了……第二棵树要新的生机，它要开世上最美的花朵；第三棵树应该汲取天地间的精华，长得有精神，像个美男子；第四棵树，我要它成为上好的木材，可以做天底下最漂亮的家具，而第五棵树呢——”他顿了一顿，感到似乎已经把所有关于树们的愿望都说光了，一时不知该如何继续下去。

“第五棵树呢，”云游僧紧紧逼视着种树人，提醒他说，“现在你只有一次机会了。”

突然感到了紧张，又像是在这紧张之中迸发了一线灵机，种树人长长地提了一口气，“——对了，我希望它不只是一棵树，像南方的榕树一样，一棵树就可以长成蔓延的树林，这片树林最好能够成为整个世界，这样，我，还有我的子孙后代，就可以高枕无忧，永久地忙碌下去了。”

当天晚上云游僧就寄居在种树人的家里，北方难以忍受的干燥，让常年苦行的他也挺不习惯，从窗缝里漏进来的沙子悉悉索索地掠过炕席，在坚硬如铁的炕席上，他仿佛还可以听得到种树人梦中的哭泣声，在呼呼的北风中忽隐忽现：

“树啊树啊，连你都这样了，你让我们这些人还怎么活下去呢？”

梦境中的潜流卷走了这些哭泣，然后又把它抛向高高在上的宇宙。

在这恸哭声跌落下来的时候，蓦然有沉闷的雷声在大地上滚动，像是有几千个声音同时在应和，它们把种树人的短暂叹息，放大成了一曲以排山倒海之势涌来的悲歌：“木叶落，长年悲”，斯之谓矣……可是，磨难不仅仅到此就结束了，那是山河阻绝，飘零时节的伤感；那是连根拔起，伤根沥血的触目惊心。地火从已经朽坏的木心潜入，把死树烧成了一节一节的木炭，那些侥幸没有被烧到的树，在天崩地解的惊惧之中，被大石砸断了，被冰凌压折了，它们的伤口中流出了混浊的树膏，蜷曲的身躯结成了触目的瘿瘤；在毁坏的都市，嘉树芳草都只能委身在穷巷之中，沉沦在荆棘丛里，从破裂的门扇中伸将出来，在行路杳茫的深谷之中，木精出没，山妖呼啸，它们让羁留在这逆旅上的过客们胆战心惊……

不要以为这种命运只适用于严酷的北方，无论是朔方的荒原还是南国的密林，无论夏日的狂风或春天的苦雨，都一样是寒冬悲秋的消磨……那是类似于苏轼《寒食诗》里那样风雨萧瑟的时节：昨天还是一个阳光明媚的胜日，突然，天气说变就变了，细小的树枝经不起呼啸整日的狂风，终于纷纷坠落在地上，它们承载的娇艳的花朵，有些不过开放了一个上午，一转眼间也都葬身在泥污中，这些芳香的枯枝在沙漠中本可千年不坏，经不住雨水一泡，却很快就腐朽了……可是这还不算完，淋漓不断的雨水，总是一遍遍地从上游把造化淘尽的污物搜罗来，它们和动物的粪便，河底冲起的膏泥混合在一起，三春的胜景来得很快，剩下的就只有宛如残冬的一幕了……

树啊树啊，连它都这样了，那些荡涤在蒙蒙水云之中，守着空庖寒菜，破灶湿苇的无助的人们，究竟还怎么活下去呢？

云游僧，沉睡在五棵树的破屋里的云游僧，在银色的月光下，他的梦魇醒觉了，但种树人却渐渐安静下来，睡熟了……他知道，这些被他抛弃了许久的幻想却正在发酵，像那些在炕席上旅行的沙子们一样，它们正在绵绵不断地潜入种树人的夜梦里。

种树人做了五个梦，五个有关树的梦：毫不惊奇，第一个梦是关于摧折的，在第二个梦中，那棵树的朽死的枝条上果然长出了新的希望，第三棵树真的有繁盛的精魂，第四个梦里的树已经长成了种树人所梦想的良材，第五个关于“整个世界”的梦却是空无一片。

在不能安睡的这个夜晚，云游僧又翻开了那本被翻烂了的《种树经》，在这本书中，他可以看得到“养树”和“养人术”一起并称，前者的纯熟似乎暗示着后者的圆满；可是他知道，这通常只是一种理想的状态：知道写作《种树郭橐驼传》的柳宗元坎坷生平的人，熟悉辛弃疾“换得东家种树书”的英雄叹息的人们，即使没有见过“五棵树”这个小村子，大概也不会被千百年来关于丰美“邓林”的传说所欺骗——良材以用，古代的官衔中有“柱国”这一说法，即便不大好看的树木也可以有“顺木之天”的好心种树人来看护，得以终年；可是事实是两种命运都并不美好，大风总想吹折那些敢于挑战重力的腰背，甚至不知道叫什么名字的病偻者也终究难逃一劫，受到过分殷勤呵护的土壤里，只能长出“空桑”或“病梅”，却不能有传说中无比蓬勃的生命力。

——那并不奇怪。以苍生为刍狗的自然太严酷了，树们，或说人们，永远捉摸不透造化的心意，在它眼里，似乎只要是可以识别的生命，就会命定有这样那样使人挠头的缺憾；北方的原野固然太荒芜了，南国的密林，对于纤弱的个体生命来说又太丰茂了；人们喜爱的是岸柳即日的芳菲，可是，柔弱的垂柳提供不了木材，垂留千年，坚硬如铁的木材又是长不出那样娇美的花朵的。从在人的感性中勇敢站出的那一棵树开始，或者从人类对于树的各种不自知的想象开始，树们就不能被挽救了，它们丰盈，恣意，优美，有时又脆弱，混乱，空虚……

在这种普普通通的生灵的身上，集中了如此矛盾的命运。

第一棵树：今又摇落

殷仲文风流儒雅，海内知名；世异时移，出为东阳太守；常忽忽不乐，顾庭槐而叹曰：此树婆娑，生意尽矣。

——庾信《枯树赋》

在种树人的梦境之中出现的第一棵树，仿佛洪荒时代就在那里了……严格地说来，那不能算是树，那只是一棵长得高了点儿的“草”，它是一棵蕨类植物，植物界中最早登上陆地的古老植物，在古生代的时候曾经繁盛一时；据说，从白垩纪中期开始，被子植物——也就是今天我们看到的大多数树们的种属——兴起了，最终成了在地球上占据优势的植被群，那以后蕨类植物和裸子植物便退居了次要地位。

这种植物好像注定不能引人注目：那是一个还没有人类出现的水世界，一般的蕨类植物总是生长在林荫里，在潮湿且阴暗的森林，多裂缝的岩地，泥塘和沼泽等酸性的湿地中……总之一切没有太阳的所在；许多蕨类植物只能生长在特定的酸碱值下，如海沙金这一属只能在潮湿且极酸的土壤中成活，而球茎冷蕨则只生长在石灰岩上，其中的许多物种还只能和比它们还要“低等”的植物，比如具有菌根的菌类，共生在一起——它们就像无情世界的弃物，丑陋，潦落，只能艰难地在岩石的表面上挣扎，但是合在一起作为一个集体，它们迸发出了可怕的力量，那些曾经覆满大地的盲目生命，构成了今天世界上让人疯狂的黑色燃料——石油——有机成分的大部分。

蕨类植物和被子植物最大的区别在于蕨类植物是不开花的。

不开花可能意味着很多事情，不过那终究是对于“人”的感性而言的——毕竟，在恐龙在大地上开步行走的那个时代，罗马帝国的荣光实在也算不了什么的，不要说是几朵花的缺席——可是，在这样无边无际的、但是没有什么差别地单调着的世界里，长出了一棵使人记住的“个别”的树，这是件非常使人惊奇的事情。

因为那是一棵够高的，够明白的蕨树，它逸出了浓荫，湿暗的林地、岩缝，泥塘和沼泽，不再是张牙舞爪的森林的一部分，也不再是地面上匍匐着的蕨草，它已经是一棵特立独行的树了……马虎大意地，风将长成这棵树的孢子席卷到了一个并不适宜它的环境里，成了荒原上的某种生意的来源，虽然勉强长大了，却很快就要面临着灭顶之灾，亿万年后，终将成为干燥沙漠中化石上太阳持久暴晒的记忆了。

在遥远距离上的阴暗里，别的蕨类植物都奇怪地望着这个不一般的同类，然后在风中冷漠地调转身去——作为集体的那些“树们”和那棵离群的单数的“树”，它们的命运其实也无甚不同，只不过前者习惯了阴暗，也会在地火中长久地阴暗下去，而这棵站出来的，在风中颤抖的树，终会有潜在的个别的“意义”从它的命运里感发了。

于是就有了数千万年后的另一棵树，比起洪荒时代的蕨树而言，它离“人”的记忆并不遥远。这棵树是一棵风中摇曳的桂树，一棵在夏季开花又在秋季紧接着凋零的真正的树——“袅袅兮秋风，洞庭波兮木叶下”——以上可能是中国最早的散文诗了，它的文字如此直白，意思如此浅切，音节如此动听，以至于它听起来并不像是高士的感喟而是普通人的哀戚，随便哪个时代的人都可以立刻明白其中的意思。

这棵名垂千古的树，一样也面对着那棵蕨树的同样问题：

“山崖表里……桂何事而销亡，桐何为而半死？”

这是个并不期待答案的问题。不殚烦问这个问题的“人”，大概也就是最早的人类吧？这棵在秋风之中散落殆尽的树，孤零零长在一个湖边的悬崖上，它费了很大的力气，才能让自己的身躯昂扬着，不至于向着云梦泽的滔滔烟水垂下……这棵被子时代的新生物，大概依然困顿在一堆糊涂潦草的蕨类植物之间，逃不了它们席卷一切的存在；在它的身边，赫然有两个粗野肮脏的“人”，手足并用地趴在地上，挖掘着荆棘丛中的蕨草，面对面前如此惊心动魄着的一幕，这两个可怜的“人”居然熟视无睹，只是挖累了的时候，匍匐在地上的他们，才会抬头向这棵让他们不解的树投来困惑的一瞥。

讽刺的是，在后世，他们的行动——“采薇”——

可能会成为一种高洁的象征，薇菜也是蕨类植物的一种，紫萁科紫萁属，匍匐在大地上的紫萁类孢子体嫩叶，在几千年内的青黄不接时期一直是所谓的“救荒草”，当那棵挺立的桂树在西风中瑟瑟发抖的时候，席卷山岩的蕨类植物们似乎在说明同一个阴郁的真理，只有低下头去，或是没有差别地抱成一团，才能够像它们古生代的同类们一样度过漫长的世纪。

在做这个短促的梦的时候，种树人一定是饿极了，以至于来不及将脑子里的灵光一线，转化为对以上那个问题的更清晰的答案。

第二棵树：古花

人群中这些脸庞的隐现；湿漉漉、黑黝黝的树枝上的花瓣

(The apparition of these faces in the crowd；Petals on a wet，black bough)

——艾兹拉·庞德 (Ezra Pound)

“瘿木”也叫“影木”，它的来源其实是树们的病与痛，是树干或树根部位长成的一种瘤——庄子曾经说过，一棵不成材的树大抵就可以逃脱斧斤的罡风了，可是无论南北，瘿木因其丑怪，却恰恰逃不过这种命运：南方的瘿木多的是枫树，它细小、蟠屈，北国则有很多榆木桦树，“瘿”的尺寸因此要大很多。《格古要论·异木论》记载：“瘿木出辽东、山西，树之瘿有桦树瘿，花细可爱，少有大者；柏树瘿，花大而粗……国北有瘿子木，多是杨柳木，有纹而坚硬……”古人们相信，锯开瘿木而显现出的华丽的花纹不是普通的年轮，而是树们成长中一次神秘事件的纪录，就好像人的恋爱留下的心伤，

是岁月在生命中的投影——所以桦木瘿、花梨木瘿、榆木瘿也分别叫做桦木“影”、花梨木“影”和榆木“影”。

保藏在这样的“瘿木”之中的第二个梦，沉郁，苍结，格古架中陈列的是树根做成的笔架和如意，月白的干花，在铁锈色的钧窑瓷器里焕发出盎然的古意。桌面，柜橱，交几，层层密密的，它们全都是瘿木，仔细看来，每一件家具都有着新奇的花纹，它们像云朵，像流沙退却的痕迹，像停住不动的沧海的波澜。

格古架旁坐着一个老头，他是这间屋子里唯一的活物，在这世界上的时间已经不多了，事实上，他和这世界的联系也已经不多——就像是“五棵树”的小村口，天崩地解之际造化的弃物，他们叫做“遗民”，没有人来照拂，也和眼下的这个人生格格不入，对世间万事心中只有无尽的怨恨，以至于仅存的一点欢乐也成了不名誉的内心犯罪——和云梦泽畔桂树下靠蕨菜过日子的“人”不一样，他们低下头的原因不是为了苟活，而是为了抗拒生的轻薄无意义；对他这样行将就木的人来说，任何感官的诱惑都已经变得无足轻重，相反，好吃的食物使他反胃，过分舒适的锦被罗绮会滋生噩梦，他年轻美貌的妻妾们一再引诱他，一个已经没有欲望的人，不过是为了多分得一点他的财产罢了。

他在这世界上的意义又在哪里呢？

老头唯一的乐趣就是“影木”，眷慕它们在他心中的留影，他歌咏死去的树，用枯墨描绘它们奇曲多变的姿态，就像是青山深处云气的遗绪。他收藏的这些瘿木大多取自没有生命的树木的根部，桦木根、楠木根等，取自树干部位的只是少数；像云游僧一样，老头每走访一地，就会造访被烧焦的森林，风干的弃树，当别人都在花木苗圃间穿行，他却为路旁每一棵朽死盘结的老木而欣喜，他尤其喜欢那些纹理纵横不直的瘿木，中间还能看到他心仪的山水人物。他和当地人讨价还价，买下这些瘿木，小心地将它们剥离下来，去除朽烂的不可救药的部位，浸入防腐的药液，风干数百日，涂上防水的桐油，直到时间再也不能对它们造成侵害——俗话说，“干千年，湿千年，干干湿湿两三年”，就是这个道理。等到一切就绪了，于是取材定份，和一般的木作没有两样，小件的瘿木可以做成摆设，配上青田石的基座，大件的往往比较宝贵，尽管来源部位不同，树种也不一样，但它们死去之后，纹理特征却大体一致，拼在一起后可以用作面料，四周用其他硬木镶起边来，最后看上去浑然一体很难区分，找不出千年、百数十年的不同，也看不出桦树、柏树、杨柳木的分别。

在瘿木停止跳动的心脏中，有着若隐若现的希望，它们是不知来源何处的，神秘的新的生命——在重庆余子安的家里，《博物要览》一书的作者谷应泰曾经看到过如此的一块桌面，它长一丈一尺，阔二尺七寸，厚二寸许。满面"胡花"，花中结着细小的葡萄纹，再看过去，居然还有完整的茎叶的形状，这种瘿木有一个好听的名字，叫做"满架葡萄"。在《新增格古要论》中提到的"满架葡萄"是叙州府何史训的桌面，作者明白指出，"其纹脉无间处云是老树千年根也。"树或树根本身是生命的象征，因此这种留在瘿木中的影子不是没有来由的，可是这块木头分明已经死了，再也不会苏醒，往"满架葡萄"里注视进去，一会是云朵、流沙、海涛，一会却又什么都没有了，在这种往复的循环中，老头像是要飞腾而起，他枯涩的心影里有极大的迷惑……

这一年的初春，老头突然想要一个新的办法，来消遣他苦瘦微茫的生涯，于是，随着暮烟中的一声清磬，他走过石桥，去拜访一座他曾经襄助过的寺庙，那边，是水落沙平的一座废院，里面有他捐造的别致园林，大殿里有一尊罕见的全用瘿木制成的黝黑佛像，号称"铁佛"。老头走下石桥，正瞥见天外寒鸦一点，本地自酿的"春前酒"，荒凉野店不算是什么佳酿，但是一杯下肚之后，老头死水一潭的心突然有些活动了。

有一个女子在村边汲水，隔着老远，夕照里他看不清她的面目，水流宛转，怎么走似乎还是走不到她那边去，就在他们打照面的一霎那，他忽然呆住了，面对着她明媚的一笑。

老丈又来看花？

他吃了一惊，想不起来曾在村中何处见过她。恍惚之间，他突然忘记了自己的年龄。

不看花……难道我是来看你吗？他脱口而出，突然又觉得自己的言外之意有些尴尬了。

那少女禁不住噗哧一声笑了：老丈，今年看花应到铁佛寺中。前年春天，你还曾与我买糖吃啊。

那一瞬间的热意，突然在冷峭的春风之中冷却了。这纯洁无瑕的少女，让他突然感到无比的羞愧。好像心底已有过什么苟且，又仿佛是被人揭破了的少年情事。他头也不回地走了。

花在哪里呢？晦暗的墙壁上，年代久远，褪了色的壁画上宝城无树，而园林之中和他的书房相仿，也是没有活物的——在他想来，除非如此一切才存留得久远，一潭静水，一片白沙之中，只有些象征峭函的青石，苍郁、凉湿，能够爬上它们面皮的只有同样冷滑的青苔，几棵死去的树，在风中瑟瑟发抖，许久不曾来，它们已经被吹得东倒西歪了。欢声笑语，馥郁的香气从漏窗外传来，可是这人间气味却使他感到一阵突如其来的恶心……阴暗的角落里，他妄想着的是林下突然隐现出的美人，却不是杂花丛中的粗服乱头。

模模糊糊地，他顺着光亮往小园的深处走去，那边是大殿，大殿的正中供奉着这所小庙引以为豪的“铁佛”，它乍看上去是浑然的一尊，仔细看去，却可以看得到木料拼接起的痕迹，每一块木头的端面都有花纹，互相衔接在一起天衣无缝，如今，通体都变得黝黑，人们已经觉察不到它的木质了，看上去就像涂了清漆的生铁一样，它吸收了光线，并不反光，因为这个原因，它便像是漂浮在晦暗的空间中一样。

可是，今天他忽然觉得有什么异样，他凑上前去，突然发现佛像的颈子后面有一块木头片碎了，上面开了一朵很小很小的花，因为太小，几乎不能分辨，但在晦暗的微光之中，花瓣娇嫩的亮色显得十分引人注目。老头几乎不能相信他的眼睛。

这分明是一朵“古花”啊……他激动地想着，这意味着什么呢？这是从“旧”的里面绽出的“新”，完全和这使人厌弃的世界没有关系，成了另一种生命的开始：它不需要红尘之中的阳光、水，简直是个奇迹。他双颊酡红，眼里闪着兴奋的神采，像是在为这不可思议的发现发着高烧。

那得春风十万株，枝枝照我醉模糊……

他不曾看见的一幕发生在头顶上：屋瓦被风掀翻了，油毡也撕破了，说不清是上个冬天的积雪融水，还是春天的新雨，在老头不在的时候，滴滴答答地从屋顶的空隙间垂落下来，水滴渗进了拼镶在一起的瘿木，并且流进里面稻草，谷皮，黄土捏合成的内胎，一颗种子跌落在铁佛的缝隙中……这就是那朵小花的来源。古老的，无数棵死树啮合在一起的佛像的笑容依然如故，它一动不动，就像是睡着了一样，只有那朵小花在时时的滴水中震动，仿佛是为老头激动的背影笑得不住地颤抖。

对老头来说，这个发现并不好玩，相反，对他而言，这是一件致命的事。不开花的蕨类植物是不大会死的，东海里的神龟蛰伏了千年也不曾掉过一滴眼泪，可是只这一朵小花，就把铁佛的修行打破了。

就在第二天的清晨，老头过世了。

第三棵树：树妖

锦瑟无端五十弦，一弦一柱思华年。

——李商隐《无题》

在种树人的梦境之中，即使是一块已经死去的古木也是可能开花，并且会长成大树的，这棵在老头想象中醒转的古树的种子被“人”爱慕着，自然而然地，它也想爱慕“人”——紧接而来的这个梦，关于种树人理想中的第三棵树，浮现在一个再好不过的时代，没有大的灾害，没有恶劣的天气，没有兵荒马乱。

在浮现出它的第一线生机之后，这个梦会深远地，持久地丰饶下去，直到重重的绿色晕染开去，遮没了枯死的瘿木上最初的幻想。

中国文字是不区分“树”和“树们”，或者“很多树们”的，相反，它创造了三个不同的汉字“森”“林”“木”来代表这些概念，三个字的写法并没有显著的不同，只不过是同一个部件重复次数的多寡。同样，在很多人的心中，这些默默无闻的树们是没有性别，也没有“修短随化，终期于尽”的不安的，它们活得远比“人”要长，因此也比人多出许多额外的烦恼：它们纠结着，在微风里努力展示着自己矫健的姿态，用“人”所不能理解的方式，在空气中眉开眼笑，互相交流着对于“时间”的体悟，日子久了，终究有些无聊——毕竟，它们是动弹不得的植物啊，树和树彼此相望，却不能真正地抱在一起。所以，在它们中间，就有那跃跃欲试的年轻者，想要和碰巧站到它们下面的人类开个玩笑，以此满足它们生命里天生的对于情爱的感性。

（尽管树们是没有性别的，但和“人”发生关系的时候，他们的男性特征就变得很明显了，他们选择来开玩笑的通常是些女孩，有些语言好像注意到了这一点，比如，在法语中树通常就是阳性的。）

太阳下山了，人们还看得清湖边的那些老柳树，风微微地吹过，抚弄它们，像少女额前的头发。（树是阳性，树枝却是阴性的？）月亮淡淡地在天空的角落里，西边的天空还有些微红，还有褪色的晚霞，缓缓地移动着，城市的灯火就快逐次亮起了……

对坐在树下的“她”来说，眼前这片树荫组成了整个儿的世界。

从她生下来的那一刻，面前就是这片小湖，沿着家旁边的湖岸就是这一排柳树，湖的对岸还是一排柳树——它们不算高，但是足以遮住树后的一切，湖边因此出现了一个典型的中国人的城市：那是一个不大不小的圆圈，圆圈中心不是高耸的大教堂，而是空虚的水，树的浓荫，并不导向透视尽头某幢庄严堂皇的建筑，而组成了一堵环形的软墙。挂在墙上的枝叶像一丛起伏的轻烟，又像若有若无的帷幕，它们并不完全否定墙外的那个世界，而不过是虚化了对它的向往，但并不使人感到气闷；相反，柔软弯弯的柳叶时时垂落在湖中，漂浮在湖面上，和酽酽的水藻一起，把水中的垂虹变得深浅莫测，使得水滨的人们忘却了墙外的天地，在湖畔盘桓，长久不愿意走开；树们的倒影并不像一面明镜中的影像那样清晰，人们俯下身去，戏弄着身下的幻影，离得越近，水中的一切就越不真切——便这样就可以打发许多年的时光。

那是最好的时光。

她平静地坐在那儿看书，终于，视线移开了，因为向晚的日光已经不足以看清书上的那些小字了，但像湖畔的人们一样，她并不急着离开，而是注视着湖面，直到随着黯淡下来的光线，把眼前这一切似乎变得又熟悉，又神秘。月亮在天空中，显得越来越大，越皎洁，天渐渐黑下来，只有一些细小的嘤咛声，嗡嗡响着；空中有些小小的星星开始变清晰了，周围只剩下些影影幢幢的房屋，和远方轻纱般的柳树，它们如今成了环绕湖水的暗色的峰峦。在夜风中，她的身体倦怠地舒展开来，就像柳树的枝条，只不过她很安静，柳树倒很急切。

它们的行脚纷纷划过水面，像是正赶往冥冥中的远方，密谋着一个不可告人的行动。

这时，便有些柔和的光均匀地撒过来，她看见湖面上推过几道闪亮的波光——波光，这让她忽然想起十多年前夏夜的一觉，那懵懂初醒的一刻，她还是个小女孩……她依旧在这湖畔乘凉，正和邻居的几个小孩闲扯着些离奇的故事；故事，大多是老辈子传下来的，大多都荒诞不经，可是，它们都是身边的事儿，湖边的那块石头上曾经“长”出几丛小孩脸形状的蘑菇，老楼底的地下室里传出过莫名其妙的怪笑……她们互相恐吓着，直到在茫茫的夜色之中每个孩子都感到害怕为止，终于有一刻，没有声音了，她们不时地抬头向上，向左右看着，好像这沉默里即将有古怪腾身而出了。

那一刻，星星像闪亮的沙子撒在天上，一阵风吹过柳树叶子，发出沙沙的响。她无心地向那边看去，那边，她看见路灯高高地亮着，光线明亮而柔和——她看得那么清晰真切，甚至看得见那铁铸的莲花形灯托分明的线条；灯光下，有一只小虫嗡嗡飞动着，地上那块圆形的亮斑里因而出现了一个不断跳动的黑点——她还记得那一刻，她忽然感觉得到黑暗里不为她所知的广大的一切，看也不用看，她意识得到它正在长大，变得丰盈，并向她缓缓地垂落……她抬起头来，忽然看到头顶有一棵从前从没有注意过的树，不是那些普普通通彼此相似的柳树，当时，它并不算大，沉默地伸出一个像专门为她打开的伞盖，绿油油的叶子被雨洗过，都饱满地舒张着。这时，她的心中爬过一丝骚动，像有什么奇妙的事就要发生了。

然而这以后的事她就不清楚、不知道了，因为她睡着了。

现在，她抬起头来，又看见了地上那个奇怪的的光斑，和月光叠在一起；已经缺了一块的灯罩，使得那个圆形漏了一个口子，可是它的边缘还是那样清晰。那奇妙的感觉又涌出来，在瞬间，她又看见了多年前那个莲花形的灯托，它分明的线条，以及头顶的那棵树——现在是一棵高高的大树，它确实有点与众不同，俊美的身躯线条异常地清晰，丰硕的树冠垂落在地上，就像银色的瀑布汇成婆娑的影子。夜，很静……

“你们还记得树精公公吗？”

儿时的伙伴大多还在身边，可是她们的话题已经不同了，她们中有些人哄笑着说。

“哪里是公公，是少年！你不会是想找男朋友想痴了吧。”

然后她们又谈自己的去了。她对那些应景的话题不感兴趣，只是想抓住这个使人似曾相识的瞬间……眼前这一切很熟悉，很神秘。

那个传说听起来有点玄乎：湖畔的一棵树站累了，不耐烦了，便变成了树妖，出来勾搭街边不懂事的少男少女，引诱他们献出自己的童贞。要是白天，她没准觉得这个故事很可笑，老辈子的人可笃信不疑，这个不登大雅之堂的故事已经流传了很多年……有人说，树精会变成一个敲更的老公公，它手里拿的木梆子，就是树身上突出的，被调皮的小孩敲打了多年的树瘿，在某天晚上它会拿着这个冰冷的梆子敲遍那些顽劣孩童的头；还有的说，它可能化身为卖蜡烛的老太婆，你可要小心她手里的那盏蜡烛光，据说，只要不经意看上一眼，就会使人变傻——总之，这个传说会跟着说故事的人而改变，她从未离开这座小城市，在她生长在这里的童年，这个故事已经发展出了十好几种不同的版本。

可她觉得，眼前这棵年轻而茁壮的树，并不阴险，也绝不至于是个让人生厌的皱脸皮老头，它只是有些水淋淋的，过于蓬勃的生意，使人看了害怕……

她正沉浸在这些胡思乱想之中的时候，忽然，隐隐约约地，那边有个人在惊慌失措地喊了，就像是失了火一样：

“快看……树……树真的动了哎！”

她一惊，乍看过去，在声音传来的那边却没有任何动静。可是，就在这个时候，颈项上被谁挠了一下，使她不由得抬头一望，仰起头来她惊呆了，那棵说不上名字的树正微笑着向她招手呢，它遒劲的枝条全都飘逸着，发出银色的神秘的光，那些不大的透明的树叶子甚至看得清楚上面的脉络，最奇妙，还是那张半隐半现的脸，微笑着注视着她——那是一个少年！那些苍劲的树根正从土里挣扎出来，抖落着泥土，哗啦啦，哗啦啦！发出一阵有韵律的声音，树叶从脸上拂过，它无边的动态使人迷醉——它到底想对她干点什么呢？

她虽然有些好奇，却终究感到害怕，她屏住了呼吸，心跳得嘣嘣的，浑身僵硬了动弹不得——她第一次感到天地都在旋转着，而颤抖却不能移动的自己才是一棵树。

（那棵得逞了的调皮的树，正遏制不住地发出一阵阵的大笑，笑得浑身发抖，凡人是不大听见这笑声的，可是，顺着树木们传播讯息的秘密通道，这笑声很快就传遍了一切有种子飞舞的虚空。）

当她把捂住双眼的手移开时，眼前的一切都不见了。

“哈哈，你瞎叫唤些什么呀！”刚才那个喊她的人说。

“不动了，不动了……你们看见了吗，刚才树动了！”

“嗨，亏你还是上大学的人，整个儿像个小家伙似的，难道你看到树精了不成？”

伙伴们都睡了，又一阵风从湖上吹来，路灯高高地照着，就和那个在铁佛之中见到古花的老头一样，她认为她看到的是真的。

第四棵树：木奴

合浦无明珠，龙州无木奴。

——李贺《感讽五首之一》

那棵骄傲的，不安分的树注视着匍匐在下的人的世界，慢慢对这个世界有些不耐烦了。的确，对它不断膨胀的虚荣心而言，水中的倒影太模糊了，在这样俊美良材如盖的伞罗下，烟霭般的柳树们也到底显得极不相称，是的，现在它向往的，不再是绝望之中若有若无的希望，而是帝国驰道旁高大记功柱的荣光了。

终于，在长安一所金碧辉煌的宫殿里，这棵树找到了自己应得的位置，不料，在这个新的梦里，相对于它所期待的荣耀而言，它的个头却意外地小了一号，在那时候，帝王们对于尺度的胃口大得出奇，到达了中古世界的顶峰，可是由于过度砍伐森林，再牛的皇帝也难得找到整棵的好木头了，于是，只好木心拼木心，木缝对上木缝，凑成一块整材料——这是一项专门的要求很高的技术，做得好了，从表面上看没有什么破绽，被铁箍扎紧圆心对称的树木们，看上去就像是一棵天然生成，并经过砍削的大树，和现代主义大师密斯·凡·德罗(Ludwig Mies van der Rohe)名作里包着木头的工字钢同工异趣。

这样一来，湖畔那棵骄傲的树却再也没有出头之日，连像以前那样，和“人”打个照面开个玩笑也谈不上了，等到它后悔的时候已经来不及，它只好在夹缝里默默地捱着自己的时日，等着新的奇迹的到来。

龙朔年间，杜绾主事大明宫的扩建，一时间，关中大木为之一空，只好拆建故安国公主的宅邸以敷急用。永徽年间，公主就已经死了，她的宅邸荒弃许久，过了许多年，更没有人知道宅邸里的情况。拆到后面，工匠们才发现那里的房屋大多失修，加上地势低湫，常年阴湿，木料都快腐烂光了，根本没法用于新的营建，但拆了一半，却也不能歇手，只好把大木屋架潦草除下，交付有司劈开作柴火烧。

拆到香堂的时候，杜绾正好巡视工程，他注意到其中一根梁上有隐约的墨迹，就让人拿来梯子上去看看，一看，是十个蝇头小字“太和十五年青州蒋少游”，字体朴拙俊厚，和今朝迥然不同。杜绾异常惊讶，太和是元魏的年号，距今已经有二百余年，而蒋少游则是那时候著名的匠师，后来当过太常少卿、龙骧将军。再除去外表腐朽的包嵌，细看里面露出的不大的木心，原来是珍贵的“血檀”，这种树外表深紫色，刚伐的木头，锯开来内里汁液如血，所以叫做血檀，等到干透了，树汁都在年轮之间凝成一层层的深色细线。这种树木，在元魏的时候终南山上还偶尔一见，而今却已变得千金难求。

杜绾试着敲击这血檀木，这根木头就像是粘在屋架上的一样，虽然摇晃，但并不分离，接榫的地方，刀锋也插不进去；杜绾就让手下拿锯子试着锯它下来，锯齿刚刚接触表面，木头就发出吱吱呀呀的声音，大得异乎寻常，仿佛知道要躲避一样。杜绾知道其中有异，就吩咐人小心把它从已腐朽的屋架上除下，不要和其他的烂木堆在一起；但是这根木头不是巨木，不堪大用，就顺手交给了他的儿子杜十一郎，拿它做了一部精巧的机械。

杜绾的儿子十一郎工于巧思，京城四面沟渠的闸门都是他设计的，一年四季都可水流不竭，号称四春渠。十一郎知道这根木头不同寻常，不能妄加斧斤，于是在动手的那一天焚香沐浴，祷告鲁班，并且告诉血檀木说：一定会将你做成富于灵性的东西。于是再动斧锯，木头就一声不吭了。

事先，杜十一郎也不是十分清楚，他做的东西能拿来派什么用处——他总是先琢磨每个部件可能的功用，在好木匠看来，每一处都有用途，它要活动，那就用树瘿处的硬核做成一个个关节，它要持物，就用两处天然细密的柔韧木料，做出手状的折件，在多年积薪烧开的热水中弯过，连缀上可以自动卡紧的合页，而那卡簧上缠绕的，本是军中用来做连弩的牛筋；他快要做成之际，发现这部机械有足有手，胸腹俱全，竟然有点人的意态，心中隐隐有些不安，为了安全，就不再给它安上面目，也不作头脑，还给它了个贱名叫做“木奴”，以为这样就可以万无一失了。

木奴身长只有四尺，有双手双足，只是没有头，上了机关以后，可以跑动一两个时辰。木奴用料精省，做完之后，只多余有蒋少游题字的那一方木头，找不到合适的用途，十一郎不敢破碎，就拿完整的这一部分，做了颗小小的心，也不加琢磨，直接放在木奴的胸腔里面，祈祝少游在地下的魂灵，别让妖异附体上面；他又觉得这东西多少有些孱气，应该和人的居室有所间隔，就找出另一方老血檀木，给它做了个小小屋子，虽然狭促，但是也有门窗，里面还有一张小小的木榻。

到了最后，十一郎总觉得还缺点什么没做——原来他忘了签上自己的名字，想来想去，也不知道该签在什么地方，才不冒犯造物的神祚。最后，他题在了木奴的脚心上，当湿濡的墨汁扫过木奴的脚心时，十一郎明显地感到它全身关节的抖动，竟像是在咯咯地笑。

每逢杜绾宴请宾客们的时候，十一郎就把木奴拿出来，展示给来客们以博一粲。最机巧的地方，莫过于木奴腹中有个小室，上面蒙着四、五层薄薄的皮膜，是竹纸和晒干的猪膀胱衣粘合在一起做成的，人凑近说话，振作皮膜，就连带发动机关，驱动木奴的手足，依照声音大小不同声调粗细，会有二十四种不同的动作；木奴又可以夹着笔写字，它识字不多，但会写“可”“否”两字，还是时下风行长安的“尚书体”。

杜绾家有一名大嗓门的奴婢，名唤无双，每当贵客临门的时候，总是无双出来，凑近和木奴说话。客人说一句，无双便斟酌情形，大喊一声口令，木奴依着口令，做出种种反应，有时文不对题，反而更令人忍俊不禁。

一个客人道：

木奴，斟酒来！

无双把酒递到木奴手中，把它转到客人的方向，大喝一声：“去！”木奴便步履蹒跚，走到发话的客人面前，也不敬酒，缓缓垂落手臂，突然把酒洒在客人面上，大伙一愣，随之满座粲然，拊掌称妙，被作弄的人也笑得前仰后合。这会儿，无双也赶紧递上帕子手巾，给那人连着赔些不是。

另一个客人问道：

木奴，第中美味谁最佳？

木奴便立在案中，僵直地伸出手来，旋转一圈，停将下来，手臂并不垂落向酒馔，手指恰好指向宾客中体态肥胖的一人。

客人们再次哄堂大笑，笑得手中的酒都洒了，这时候，有一个多嘴的来客便问了一句：

木奴木奴，你是男是女？

无双愣了一下，因为十一郎从没有教给她这类的问题，可这声音虽远，木奴却似已听到了，再发一个指令，它就变得忸怩起来，给它手中塞一支笔，一连写了十个字，可是每一个字都没有写完，尽是些只有半边的“可”和“否”；毛笔从它的手里滑落下来，它的手不再抬起，却在案上不断爬行，像一只妩媚作态的狗一样。

在总章年间，杜绾获罪腰斩，杀人的木头刑具居然也是他儿子十一郎的设计，随之他的家产被抄没，儿子们也跟着遭了殃，被发配到南昭烟瘴之地。在两街巡史将来的前夜，十一郎把自己在家中关了一晚，对着那些零落满地的制作发呆，回头望去，木奴独自坐在阴影里的暗处——毕竟不是个活物，也不能分担他的忧患。他本打算把它毁掉，因为留着这东西终是个祸害，但当他掏出刀锯时，木奴的心突然从里面滑落出来，吓了十一郎一跳。仔细一看，是胸腔里的机簧松弛了。

他叹了口气，把心塞回木奴身子里，关上了它栖身木屋的那扇小门。

又过了好几代人的光阴，人们都忘却了木奴，也没有人知道它是否还留在人世，建章年间，发生了渭州兵变，皇帝向西逃到凤翔，在京闲居的节度使朱弊被拥为首领，叛军占领了含元殿，在殿上搭起营帐，昼夜狂欢。不久，前来勤王的部队陆续到达城下，叛军的人数其实很少，只有几千人，但是四周的部队都各怀心事，不思进取，纷纷按兵不动，一连几个月，长安城外都是死一般的平静。人民不知去从，只能在刀下忍辱偷生。

叛军们清楚自己来日无多，便搜罗他们在大明宫中所能找到的一切，尤其那些新奇的玩意，想出种种花样，逼着衣不蔽体的宫女妃子为他们表演，谁若是不听话，上来就是一刀，然后开膛破肚，拿去扔在独柳下面，让野狗啮食。日复一日地，人们从太液池里汲水来冲洗沿路的血迹，虽然随时冲洗，金砖的隙缝里还是灌满了凝固的人血，空气里充盈了腥臭的气味，在这样癫狂的气氛中过了好多天，随侍的宦官奴婢们都吓傻了，叛军们自己也多有厌倦了。

就在这个时候，兵士们在东宫的御库里发现了木奴，上面还有两街巡史的封条，封条自然早已腐朽，而十一郎在木奴脚心的题字却依然清晰可辨。

这时候离开十一郎的时代已经一百多年，上了机簧的木奴居然还可以活动，只是腹中应声而鸣的皮膜已经朽烂；朱弊已经玩腻了女人，看遍了北苑里各种珍奇野兽的表演，从前，他只听说过诸葛亮作木牛流马，没见过这样的木头人，全身上下有无数的精巧部件，经历了时间磨洗，木头未见腐朽，反倒像褐玉一般莹然光润，它让他爱不释手，但是他又觉得木奴太不像人，对朱弊来说，这是唯一的遗憾。

朱弊的手下找到了长安城里最好的工匠，他在大敬爱寺为长乐公主雕凿的佛像，据说因为太过逼真，连鸟雀都不敢靠近。工匠看木奴一眼，便面有难色，但他知道朱弊的旨意难违，还是动手把它全身各处修整，做出细致的手足人形，便像真的一样，除下的刨花木屑，他不敢随意抛弃，便把它们一并贮藏在那间小小木屋里。

朱弊只看一眼，就勃然大怒，他问，头呢？

答曰，有心在，恐怕难以心首相应。

朱弊道，那就把心扔掉，再安上一张耐看的面孔！

答曰，这是杜十一郎所为，机关巧妙，恐怕难以更改。

朱弊怒道，你若是不能把它的心掏出来，我就把你的心掏出来。

战战兢兢的工匠带着木奴回到家中，对着它想了一夜。他看了看熟睡的老婆孩子，终于动手，把木奴的心掏出来，他知道他该做什么——他削去了蒋少游的字迹，用这颗心仅存的木料，刻出了面孔上最精致的那一小部分。

他已经将近有了一个女子的头……他用水精做成她熠熠生辉的眼睛，用薄薄的金箔锤打成她额前的华黄，她会跳舞，动作甚至比十一郎所制还要生动，它不再会持笔写字了，就给它装了两只真人模样的手，工匠怕十一郎的魂灵怪罪，又选了一方上等的木料，重新做了一颗心，把这颗心放回了空掉的胸腔，奇怪，他明明已经计量斟酌，心却无故小了一号，和原来的不再配合。

朱弊得到焕然一新的木奴，大喜过望，尽管城中的食物供给就快断绝，他还是倾己所有，大设酒筵，号令手下将领，来和他一起观赏这宛如生人的玩物。

工匠开动机关，木奴开始在木案上转动，翩然起舞，双手做出优雅的动作；为它伴奏的梨园鼓吹，甚至比为先前皇帝演奏还要卖力。但奇怪的是，跳到一半的时候，她却停住了，离开朱弊不过一尺，手指不偏不倚地指向这残暴的将军，她的眼睛显得异常地空洞，嘴角却泛起一丝笑意。

朱弊大怒，他吩咐手下的士兵，把这只手砍掉！

工匠又发动机关，这次他上满了木奴的机簧，几乎都要把它弄断了。这次木奴多转了好几圈，但是突然，她又在朱弊面前停住了，剩下的那只手还是固执地指向同一个地方。

朱弊亲自把木奴的另外一只手砍掉，他转过身来，对已经瘫软在地上的工匠说道，三天之内，如果他还不能让木奴干它该干的事情，就砍掉工匠的双手。

工匠清楚地知道，那都是因为那颗心的缘故，可是长安城中已经找不到多余的血檀木，这使得这位巧匠走投无路，几乎就要发疯；终于，他想到了那间小木屋，不禁心下释然，长出一口大气。可是他太疲倦了，在预备动手的第二天前夜，他居然睡着了，忘了在睡前向神明焚香祈祝。

就在那天夜里，木屋下面的木案咯吱咯吱地响起来，垮了。

木奴和木屋都从案上摔落下来，跌了个粉碎。

第五棵树：南柯

帝颛顼生自若水，实处空桑。

——《吕氏春秋·古乐》

就像两小时电影里偷工减料的英雄史诗，梦境唰唰地拂过，分不清灾难和盛世，也似乎没有任何时间的顺序——梦境是没有逻辑的，它只能按照简单输入的指令来调整它的指向，从而更好地暴露了行将枯死的树们的愿望：种树人要一棵不死的树，它就想到了蕨类植物，第二棵树要新的生机，它就给它最美的生机，第三棵树要在繁盛里成长，它就安排这棵树和“人”开了个不大不小的玩笑，第四棵树无疑是古往今来罕见的良材了，可它的结局似乎并不那么美妙。

无论如何，先前四棵树都是在一个确定的时空之中的，它们依据着一个指定的时刻，占据着一个确凿无疑的空间，而第五棵树的梦想呢？——按照种树人的要求，这是一棵要“占满整个世界”的树，这个不同寻常的要求，让原本水一样流过的梦境忽然神经错乱，就像正在倒片的电影放映机突然失去了控制。

……当镜头稳定下来，迷乱的碎影消失，真正的树们又长成了，这是历史的中古，人的秩序丰满而盛大。那时候的长安，隋唐帝国的首都，已经远不再是蕨类植物恣意横行的世界了，它的下面不仅覆盖着秦砖汉瓦，也覆盖着密密层积的十几个世纪的心灵，它是荣耀的文明的见证人。长安城的设计者，将作大匠宇文恺，则要让“自然”充当这种荣耀的守护者。

为了设计长安城，宇文恺需要做的第一件事，是伐树。纵使后来的长安看上去依然有着那么多的树，可是比起那些被砍伐掉的树，总的数目还是减少了很多。为了从一个完全自然的世界里看出由一百零八个齐整的圆圈组成的城市，花费的人力物力如此之多，以至于天上降下雨点一般的尘土，百姓劳而无功，并且京师大旱，遭到了来自上天的报复。除了砍掉多余的树木，以使得剩下的大树（多数是槐树和柳树）组成行列，还采用了马踏大道的方法，出动了成群结队的骑兵，来回奔驰，使得野草不再能在尘土飞扬的大路上生长，使得那些刻意留出的圆圈的边缘更加鲜明。

大量的树们成了这次中古世界人类最大城市规划的牺牲品：除了那棵天生异秉的血檀木，它们中间的大多数懵懵懂懂，不可能，也从来没有想过为人的秩序而选择自己的处所，现在宇文恺需要的，是请它们沿着一个给定的秩序生长，组成一个个自我封闭的圆圈，像那个柳树环绕的没有明确中心的小湖一样，只不过，现在有的圆圈要露出整饬的白，有的圆圈得变成一团的黑——因此，许多无辜的在圆圈中乘凉的人被赶走了。

“[此树下]天子座位，何故坐此？”

乘凉的人看看自己身边的这棵普普通通的大树，将信将疑。吵吵嚷嚷地，不满的他们最终被赶走了（他们被赶到由树守护的高墙里面去了），圈子里的日常和圈子外的梦想互相掉了个个儿。这个村子里面的树都被砍光，外缘留下来的树排列成了天然的高墙，没有人记得以前这墙内是什么，在一排齐齐整整的老树前，只有那棵据说是天子座位的，看上去像是站错了队，意外地落了单，树干上钉着一块很不显眼的牌子。

“……大槐树，柯枝森郁，即［原］村门树也。”

被后世的历史学家记住的这棵树，技术官僚只看了一眼就打算简单处理——他的理由是“行列不正”，将要把它砍掉，这时，这项规划工程的监理人隋文帝阻止了他。隋文帝走过他未来的皇宫门口时，还认得出村门口的那棵老槐树，依稀看见长安城的设计者之一高颎在树下闲坐，那个死人的灵魂告诉他，要留下这棵树，树不仅仅是他们子孙的荫庇，它也是久远运祚和见不得光的秘密的护身符——即使在高塔上的人们也不能窥见树后的秘密，这样，统治者和被统治者都将会感到释然了。

树们在黑和白的圆圈里面遭受了两种不同的命运：尽管有那么多的树可以砍，在白的圆圈里面，用于建造房屋的大木依然需要到南方去砍伐，然后再千辛万苦地运进人的城市，在湍急的河湾里，经受一次又一次的冲刷……为了在旱地上运输这些树木，人们特意把渭水引入了金光门，在西市的旁边挖出来一个小水潭，在水潭的旁边，木头们被晾干贮存起来，那些有幸旁观的树们环绕着这片白地，它们将看到这些代表帝国未来荣耀的木头的沉默，它们接受经年的风吹雨打，直到被推倒、烧毁。

另一些树“长”在黑色的圆圈之中，在建城伊始的时候，这些侥幸逃脱斧斤的树们属于大将功臣们的私产，就像那根躲藏在安国公主府邸中的血檀木一样，渐渐逸出了人们的视野……逐渐，长安不再地广人稀了，白的圆圈固然更白，黑的圆圈也格外地黑下去，就像“唐草”的花纹密密地缠绕，直到中心的花蕊和周边的花瓣再也无法分得清彼此。那个圆圈的总体设计严整而气象庄严；它的末端发展却混乱，自发，暧昧无序，失去了控制，一片片地剥落……它就像一个捂着了的果实，恶臭不会散发出来，只会慢慢地烂掉，在腐殖土的表层上，慢慢又长满了新的生机，年复一年……在京中多年当官的主人，在大道边盖起了他们的朱门甲第，那些骄傲的梁柱就像郁郁的林木，大架的紫藤连着夹砌的红药，连枝樱桃间杂着带花牡丹，长成了一片新的森林——森林的边缘是回环的高墙，从外面是看不清楚墙里的风光的，墙内，在空虚而闭塞的高堂上，也只能看见南山的一角，而且它们看上去不知道远近。

——时间在这里停滞了，一切形迹可疑的人们在其中消遁无形。

浓密的篱墙后的世界是树的世界，它们纠结在一起，把城市分隔成无数互不相关的部分，从此城市消失了，自然又回到了人的世界，只不过这一回它们是长在这个世界“之中”，而不是外面——建筑学家克里斯托弗·亚历山大(Christopher Alexander)说，城市不是一棵树，尽管他随后又解释说，我的“树”并不是长着叶子的绿树，它实在只是一种抽象结构的名字罢了(The tree of my title [A City is Not a Tree] is not a green tree with leaves. It is the name of an abstract structure.)。

可是，他多少还是低估了树。

事实上一棵树可能要比城市复杂得多了。

同意这一点的是东平人淳于棼，不像那个心灰意冷的垂死的老头，也不像那个终年守着湖畔的太平时光里的女孩，在他自己的圆满的世界里，他是很自得的，几乎没有什么亟需面对的重大问题会让他发愁，他更无法想象北方荒瘠的土地上，种树人卑微的哀戚。

他的不缺乏绿色的世界有一个名字，字面意思是“在槐树下安顿”——贞元七年，淳于棼偶然在朝廷上获了罪，因此守在家中，没想到因祸得福，有天突然两位朋友来访，恍惚之中，把他引到了一个叫做“大槐安国”的所在，在这里，他先后邂逅了旧日的门客周弁、田子华，又幸运地娶了大槐安国国主的女儿金枝公主，成了南柯郡的郡守。

在古代，槐树是三公六卿的伞盖，是荣名和显贵的象征。

淳于棼在“大槐安国”的住宅是极尽奢华的，那是一座在水中照见了自己的园林，地下的泉眼喷涌而出而蔓延成的湖泊，它们实际的胸怀要比它们看上去的样子宽广许多。通过这种观照，园子的面积并没有增加，可是它的体积增加了一倍，并且水中的那一座园林比水面上的那一座还要真实——被它吸引的人不需要额外的蛊惑，只要弯下身来，他难免会被他所看到的一切所迷乱，就像在另一个梦境之中，时常在柳树环绕的湖边散步的那些人爱慕自己的倒影一般……在其中并没有开阔的水面，这反倒让一切变得更加真实，水中，摇摇曳曳，那是另一座深碧的、高深莫测的园林，只是所有的方向都反了，往深处去，该往下的一切都在向着幽暗的“天空”之中生长，一切一切的“上面”，却飘荡着浓酽的水藻，像是一层绿色的、不定形的帘幕，在这层帘幕的上方，是不知多少重柔和的树影环绕着池塘，有月桂，凌霄，有木香，紫藤，青枫，蒙蔽了园中所剩无几的天空…… 它们的姿态随风招摇不定。

要不是守卫这座园林的围墙，或许这个故事就没有什么可以说的了，围墙本身是非常不起眼的。它不过就是一道高可过顶的土垣，土垣之外是密密麻麻的槐树…… 它们浓密的树荫伸向高空，掩没了墙外的世界，没有人知道，也没有人想过过墙外是什么。土垣大多都年久失修，一小片儿墙面还涂覆着营建时的石灰，时间长了，白石灰都变作成了尴尬的黑褐色，有些干脆就已整片地脱落，露出混着麦秸的黄黑的夯土墙身，土垣偶有残缺的地方，都用竹篾和着泥土修补起，只露出一个不大的孔洞，只能容一只狗爬出去。

那个孔洞却是一切的关键，终于有一天，淳于棼犯了大罪，很快要大祸临头，正在他急得要上房的时候，却发现原来那个不引人注意的狗洞却是他逃生的去向，他爬出这个狗洞，回头望去，顿时感到天翻地覆，原来，自己不过正注视着自家大槐树树干上的一个树洞。

和我们想象中不同的是，这并不是又一个“梦境”的醒转，淳于棼依然还在同一个故事之中，只是空间崩塌了，故事也露了“馅”，“狗洞”就是物理学家们所说的“虫洞”(worm hole)，回过头来，淳于棼看到的并不仅仅是一棵大槐树的“外面”，它是一个时间迷宫的开端，另一种生活的入口——在那棵大树中，一切都缩了尺度，变了模样，他看着树洞内的自己，而树洞里的那个悲欢人生的淳于棼正在无意识之中注视着墙外；他在南柯之外时，洞内的世界对他来说是须臾，树不过是个寻常的角落，而洞外的时间，对洞内的主人公而言却是无量数的光阴，无数人生的总和，这两种生活无法相遇，但是目光却可以时时地翻转，使得彼此顿感错愕；这是一种“双重注视”，是柏拉图的洞穴人（Plato's caveman）和格列佛游记（*Gulliver's Travels*）的奇怪的焊接。

树的逻辑在于它是一种自足的、线性的生命（生命之树常青……），它属于垂直的时间，不属于大地上水平相集的人群，它只有"起始"，没有"地方"，所以一根枝条也可以成为全部的生命，被抽空了的树（坚实的血檀木难道就会有更好的命运吗？）还可以活着，而且居然包容了更广大的梦想。

从那棵最早的，勇敢地站出来的树开始，一切的意义都是以"人"来衡量的，可是，"人"并没有一个固定的位置，他有时饱满，有时虚无，有时自大，有时卑微，那使得这棵树有时是倒在地上的一段朽干，有时是一片无边无际的树林，它们有时蜷曲臃肿，有时丰茂修长，这种变幻无尽的姿态就像瘿木之中的"满架葡萄"，起伏的鱼龙瞬间就变成了宁静的山水；碎锦繁花化作散乱的烟霞……然而，陶渊明笔下的武陵渔人闯进桃林去的时日毕竟是太短了，他走出那片桃林的时候却再也找不到来路。

那棵占满一个世界的树是整个的人生。

树上。

通天之树，或是“建木”、“神木”，据说是神人之际的通道，树荫之下却没有人的踪迹，它是在“穷奇之国”，还是在西王母在云雾之间着身的昆仑山？没有几个人确切地知道它在哪儿，《山海经·海内经》描绘的乐土，或许会使得北方原野上的种树人永久地向往：“西南黑水青水之间，有都广之野……”在那片原野上，有着欢歌的鸾鸟和飞舞的凤凰，熠熠生辉的草木，有着不朽的生命。

“建木”到底是什么样子的呢？它是异想天开的生殖力的象征，异常粗壮高大，它像是一座高塔，有着白玉门槛的九个入口的大门，门前守卫着所谓的“开明兽”，或许，就像郭璞注释的那样，这棵树“青叶、紫茎，黑华、黄实”，或是像《山海经·海内南经》的记载，一半像是植物，一般像是动物。据说，建木所在的地方就是天地的中心。这棵树有百仞之高，到了大中午，太阳照在它的顶上，竟然连一点影子都找不着，站在树底下大喝一声，声音马上就会消失在虚空中，听不到一点回响——自然，能够通到天上去的神木就应该是这个样子。

那不是一个人的世界，《山海经》中的回忆更像是蕨类植物大行其道的时代：

……南方首列山系叫做鹊山山系，在鹊山山系的头一座山叫做招摇山，它屹立在西海岸边，山中，有一种叫做“迷穀”的树木，它的姿态形状很像楮木，却呈现着黑色的、金属般的纹理，它开的花光彩照亮四方，人佩带在身上，就不会迷失方向……

即翼山：在这座神山上，奔跑着许多怪异的野兽，水中游着成群丑怪的鱼，山上盛产白玉和蝮虫，这里有无数神异怪诞的树木，然而人却是不可以上这座山上去的。

柢山：柢山多水流，其间有一种形状像牛的怪鱼，鸣叫的声音也像牛，它栖息在山坡上，长着蛇一样的尾巴，胁骨上还长着翅膀，这种叫做鯥的怪鱼冬天蛰伏而夏天复苏，据说，吃了它的肉人就不会再患痈肿疾病。这座有着如此恐怖的动物的山却是光秃秃的，没有任何花草树木……

亶爰之山：关于亶爰之山最有名的是一种没有性别的小兽“类”，看上去像是狐狸却长着比狐狸多得多的毛，吃了这种狐狸的肉，就再也不会有嫉妒的情绪了，这里水源丰沛，却长不出任何草木，人在光溜溜的石头上一步三滑。

再往东五百里，是座名叫灌湘的奇山：在这座山上到处是高耸的树木，但没有花草；山中有许多奇怪的禽鸟，却没有野兽，同样，没有翅膀不能飞行的人类也是不能涉足这里的，不小心爬上这座山的人只有在黑色箭杆一般的丛林里绝望地呼号。

以上的这些树木都可能代表着整个世界，它们都长生不老，其中隐含着的变化层出不穷，使人眼花缭乱；它们坚硬如金铁，盛大如朝霞，可是站在这样的树木旁，渺小的人会紧张得说不出话，恐怖得浑身颤抖……

树下。

树下是菩提伽耶。这个地方位于印度（天竺）的比哈尔邦伽耶城南面，据说，释迦牟尼当年云游到此，在附近的森林里面苦修了整整六年——那是南方的森林，来自北方的中国人极少到达这里，20

世纪的第二次大战之中，一队抗击日军的远征军由缅甸撤退到印度，领略了这种林莽间的可怕雨季，那是荒原之中的种树人决不能想象的“森林之魅”，在一位中国诗人的笔下，那是“使人看了害怕的草木怒长”，树木只需要吸进一点水分就会疯狂地生长，消蚀土壤里的所有养分，直到把一切爬行在地面上的生物变成白骨……在这样的森林里呆了六年后，释迦牟尼还是未悟得解脱之道，最终他形容枯槁，精疲力竭，于是，他决定走出森林放弃苦修，到尼连禅河中沐浴。洗去一身厚厚的积垢以后，释迦攀援树枝上岸，喝了一位牧羊女奉献的乳糜，来到了菩提伽耶，在那里，他决定在一棵大菩提树下打坐静思，发誓若不能大彻大悟，便将终身不起。他就这样苦思冥想了七七四十九天，终于在一个月圆之夜悟得了正道，成为佛陀。

今天的旅游者络绎不绝地走过菩提伽耶，可是，那棵真正令释迦得道的菩提树在哪儿呢？一定不是导游向你热心推荐的那一棵罢……据说菩提树有着非凡的外表，四季光鲜，其实，对于人的解脱而言，它其实也就是一种普普通通的树，和“建木”完全不同。菩提在干燥季节便会落叶，是一种半常青的热带大乔木，树干笔直，有着灰色的树皮和波状圆形的树冠，比较特殊的，是菩提树具有许多的悬垂气根，那是潮湿环境中的热带植物的一种特征，靠这种气根，它可以在空气中吸收水分，若是气根碰巧碰到了地面上，它就会伸进土里，长得逐渐粗大，慢慢成了一种“支柱根”，就像是寻常树木的树干，层层密密，就像种树人的梦中所向往的那样，这种有悬垂气根的树真的是可以“独木成林”的。

我从来没有去过菩提伽耶，对菩提树下的风光只有神往，无法想象……只是有一天，我碰巧发现我在美国的家门口也有菩提树，或是一种类似菩提的桑科的大树，无论如何，如果这种树就是来自于印度的圣树，那自然是西方人引种到北美大陆的。但是不要说那些嬉笑的基督的孩子们，就连我也完全不知道，或者看不出这种树在另一种文化之中神圣的意义。从我家的阳台上望出去，它们其实也就是四五棵大树中的一棵，共同组成了一片高大浓密的树荫，完全遮住了阳台对面的视线。它让我想起的不是释迦，而是淳于棼的树洞，我总幻想着，在树的那一边其实没有公路，也看不到那些门口挂着“已经售出”牌子的村舍，而是一个巨大的悬崖，在悬崖的另一边，是无边的巨人的原野。

那棵树在我开车出去的路旁，因此我只是常常看见它，却从来没有真正站到过树下。可是，就在我不在家的某一天，电话里听我的妻子说，那棵树遭雷劈了——在一个狂风大作的雨夜，轰然一声折了，倒下来，还险些砸倒了旁边的电线杆，听到这个消息，我立刻登上网站去，想在 Google Earth 上找到这棵树原来的位置，其实，Google 的地图并不是即时的，少说也是两三年前的的旧照片了，但是我还是为我所看到的卫星照片和实际景象之间的差距而惊讶，在大树倒下的位置，没有想象中的浓密的林荫，只有一坨坨西兰花模样的绿色，匍匐在地上，那似乎根本不是我应该看到的家附近的模样，倒可以一下子看出树的那边其实还是树，草坪，公路，郊区购物商场……寻常的美国乡野的风景。

——从高空看树木们是没有意义的，极北的苔原上，荒漠之中，被狂风吹拂着的树们只是一些低伏着的灌木，像瘌痢头上的一绺绺稀疏的头发，但实际上，它们对于它荫蔽的生命而言意味着一切。

可是，在摩天楼的世纪树们相形见绌……不止于意外的雷火，树的生命坏死的方式有太多种了(这些原因是天真的历史保护主义者所不能原谅的)：太饱满的即将迸裂，里面的新鲜将变成老朽了，太空虚的又会萎缩，最终变成一个不能用的躯壳，疏散的行将崩溃，过于坚实的面临着磨损；丑陋的死根固然会湮没在荆棘之中，擦得油亮的榫柱带着太多人的气息，最终也会让白蚁一点点地吞噬了。

白云迷乱着不再开花的古树，久违的玄鹤已经很久没有回到喧嚣城市水滨的空台。

没有茂密的森林的北方的荒野，不用说，一切已经被颠倒了个儿。可是在云游僧来处的南国，时间的阴影也正在从凝滞的灌木丛中移出，飞快地掠过树与树之间的空隙……最浓重的一笔是夏季骄阳所写下的，生命最勃发的一刹那也就是水分蒸发最多最快的须臾，在绿到最浓郁的那一刻，娇嫩的树叶开始蜷曲、枯萎，在享用的同时也在消耗，悄悄地——秋天啊，就再多给几个南方的日脚吧。

这个时代已经不复是树们的时代。

树

巴士曼　著

沈　珂　译

第一章　树教给我们的

懂事之前，我生活在乡村。我将种子播下，天天不耐烦地盼着亲手埋在地下的橡栗、榛子能快快长成一棵参天大树。不久，我明白了，随手扔在地上或挂在枯叶间的橡栗便能长成一棵橡树，甚至比我这样播种长得更快更好。小时候的识字同样伴着对树的记忆。那时，“大人们”在划满格子的纸上写下一个个小符号，他们还给我讲许多不同的故事，我渴望探其究竟，问他们许多问题。慢慢地，我懂得了这些符号的意义，开始学习认字，学习阅读，尽管由于法语读音的例外规则，我还常常会犯一些小小的、甚至令人诧异的错误。有人知道我尚未“学会”读书，看到我扎在书堆里，觉得很好奇，尤其是没有插图的书，有时竟是些“不是我这个年龄读的书”。为了求得片刻的安宁，我躲到枝繁叶茂的树底下，尽情地品读起从家中书房里“抢来”的书，当然家里的书房对我是随时开放的。书中有关树的具体内容并不多，而我却一直对树怀着一种深深的感激之情。

之后我上小学五年级，中学的预备班。通过阅读，我了解到各种不同的文化……这些知识对我一直很有用，甚至到参加大学的考试。然而，我首次感受国家教育却是以一棵树的形式，这是我始料未及的。

课桌微微向我倾斜，上面一个小洞放着一只瓷碗，里面装着黑色液体，我必须把“上士”的笔蘸一下才能在笔记本上写出字来。我从未用过这样的玩意，以前我只会拿着铅笔，在父亲建筑工作室用过的“蓝纸”空白的反面画画，好似在用玻璃搭起的暖房里长大的花花草草，突然暴露在阳光之下，画笔在一页页薄薄的纸上按照画好的方格勾勒出图案，于是蓝底的纸上神奇地呈现出白色的线条，纸的反面却丝毫不留痕迹，照样可以让我乱涂乱画。因此，我从来不会缺少供我发挥灵感的材料，从工作室到纸张结束其使命的终点——垃圾桶，我甚至充当起了两者之间的过渡。

看着同桌游刃有余地运用着这些学习工具，我赶紧把发给我的笔杆插进了墨水瓶里。我的面前是学生作业本，放在课桌的斜面上，直至那一刻还是洁白的，但接着我看到从放墨水瓶的洞到课桌的边缘，似乎勾勒出了……一棵树的影子。一根树干，渐渐分离出枝节，又分出更细的枝桠；而我的手指，在忙着防止滴下的墨汁弄脏衣服的时候，不经意间已经变成了上面的树叶。

这幅艺术作品引起了同学们的哄堂大笑，老师不得不和蔼地、宽容地谆谆教导我如何使用钢笔和墨水。

那时，我学会了画房子、人、车、船、飞机，却一直画不出一棵完整的树，这激起了我的灵感，启发我去开辟新的天地。我开始只关注树，开始思考从一片孕育生命的土地上，一颗小小的种子如何慢慢地生根，发芽，分枝，分岔，而后长叶子，甚至开花结果，就如同墨水在课桌上奇迹般形成的那幅画一样。

第二年，初一，我开始学习拉丁语。课本的硬封面上印着一句拉丁语格言：labor omnia vincit（学习可以战胜一切）。我把封面的字刮掉，重写，尽可能写得不能辨认，第一个词 *labor* 改成了 *arbre*，整句话的意思于是变成：树可以战胜一切。有了干这活的经验，我知道，将近十五年之后，德军占领期间，我尽管被迫逃往维可森林，长达几月之久与树为伴，却也学会了砍树，用锯子或斧头，甚至在参加抵抗军，加入战斗之前，我可以好好地利用自己这门造假绝技，为抵抗军，为联军死里逃生的飞行员，和其他被敌军及其走狗追杀的人，制造假文件，刻假印章。

进高中之后，我学到分类中的“目”，其中包括乔木类不同树木的用途，乔木类有一个系统的分类，从一般到个别，即使现在的电脑也很难帮助我们分辨清楚。就这样，几个世纪以来，树成了培养系统理念的最佳例子，与树相关的词汇也给人以有条不紊的印象。例如，罗马教廷是教会的主干，另有很多分支，分叉。教会从我们称之为“主干”的罗马教廷那里取走一部分钱财，“主干”部分从前都被修剪过，中间被掏空的教会便等着虔诚的教徒向它进贡，也有可能教徒更偏爱这些“主干”，于是教会便会想方设法地去除教徒对“主干”的崇拜。无论如何，我们可以在《圣经》中看到，创世纪的第三日，果树被造出来，但没有提及其他树，如森林里的树，对森林的过度砍伐如今已经造成地球气候的失衡。难道这是魔鬼的杰作？然而，正是会结果实的树扮演了一个具有破坏性的角色，《圣经》上说：“女人看到树上结的果子很好吃，也很好看，而且是开发智力的难得佳品。”之后发生什么，已是众所周知的了。

然而，果树并不只会带来危害。万有引力定律正是从牛顿看到一只苹果从树上落下这件事中诞生的，牛顿当时或许也认为躲在树底下更有利于思考。13世纪，也正是为了试图猜想梨的降落点，维拉尔·德·洪内库尔在他那著名的手稿中描绘出如何利用几何学的方法确定不能测量的物体的垂直度，如教堂尖顶的拱高，或者是尖形穹顶上拱顶石的垂直度。

尽管这些树似乎在创世纪的头几天被遗忘，但《圣经》在之后的篇幅中提到了提供“木料”的东西，这块诺亚用来造方舟的木料，有黎巴嫩的雪松，有提尔城国王希海姆献给所罗门王的柏树，以修建耶路撒冷巨庙。

《圣经》中还提到了树的象征意义，杰西的树，这棵系谱树多少年来带给无数的艺术家以灵感。但是我们对维克多·雨果的那四行诗似乎更熟悉些，而诗人也是从《圣经》中得到启发，尤其是关于大卫的父亲、杰西的祖父布兹在梦中看到这棵系谱树的段落，并对此自由地加以发挥。

梦如同布兹看到了橡树
从他的腹部直冲向云霄
臣民们像长长的铁链一样沿着它向上攀登
国王在底下歌唱；而神灵在高处死去

乔木类处于大部分正常分类的最初一级。电脑通过这一逐级推进的方法为我们提供例证，从主干到最小的分叉，到叶，或者到我们所期待的果实，但叶可以直接到最终的目的，如同鸟儿穿过树枝飞向自己的猎物那样。

“方法”这个词，我们不能轻率地将之与笛卡尔《谈方法》中的“方法”相联系。于是我小心翼翼地在笛卡尔的这部著作中寻找……关于树或树形结构的内容。这虽是一种假设，不过我认为是合理的。然而，在这部浩瀚的巨著中，我什么也没找到。从那时至今，我已经有半个多世纪不曾研读这部书了。我不敢说，自己的思维方式接近这位哲学家，但是一无所获让我沮丧，我依然固执己见。终于，在笛卡尔的《第一哲学沉思集》中，我获得了满足，我证实了自己的直觉。这位哲学家是这样写的："因此所有的哲学如同一棵树，它们都植根于玄学；主干是物理，从主干中旁逸出的分支便是所有的其他科学，可以归结为三大类：医学，机械和道德；我认为，最崇高、最完美的是道德，它置于其他所有科学知识之上，是智慧的最后一级。但是，如果我们并不是从树根处或树干处，而是在树枝的末端收获果实，因此哲学的主要用途取决于其他部分的用途，而我们能学到的也只不过是位于最末端的部分而已。"

笛卡尔将主要的科学分成了三大类：医学、机械和道德，我们也许会对这样的分类感到惊讶。但是，用同样的名称，我们可以有我们自己的分类：物理和自然科学、数学、人文和社会科学。这样，用词和关注的重心都发生了变化，三者之间的界限有时也很难划定，如今，各类科学之间相互交叉、相互渗透、相互影响，而生态学不断地告诉我们，大自然中的一切都是互相依存的。

一棵树，它的树枝，有时也会与近旁另一棵树交错，深入其内部，好似一篇文章中插入了另一位作者写的一段话。我们需要清除电脑里的广告，同样的，树木也必须抵御侵蚀它的寄生植物所带来的病毒。和农学家一样，软件工程师也发明了混合型软件，结合不同类型软件的属性。

因此，如同电脑上显示的那样，树是一个有组织、有条理的典型，不过，幸好有大自然的神奇与独特，任何一个人，任何一棵树，单独看来都不会雷同，除了一些种在巴黎圣母院或昆提涅公园里的树，它们按照统一的规格被修剪，于是成了接受路易十四“太阳王”发号施令的列队士兵。

第二章　对树的崇拜

从前，在大多数的文明中，年长的人作为历史经验的见证人和传递者，会把对某些事物的崇敬代代相传，其中自然也包括对一些树的崇敬，尤其是那些年代久、生命力强、茂密、粗壮的树。崇敬之情往往通过一种真正的膜拜的形式表现出来，这是理所应当的，因为在我们的星球上，最强大、存活时间最长的生物便是树。有些物种的历史可以追溯到一亿多年前，例如 1.5 亿年前出现在侏罗纪时的银杏树，其标本于 17 世纪末在日本被发现，之后又传到欧洲。后来我们在中国还发现了同一棵称之为水杉的树的三个不同标本，与 1941 年发现的化石遗骸完全一致，由此我们可以判断该物种已于 1.3 亿年前灭绝。美国加利福尼亚州的红杉已经存活了 3000 多年，其中有几棵树高超过 130 米，而底部的周长达 36 米。澳大利亚的巨桉树高超过 150 米。法国的树很少能到 50 米，但我们也可以看到一些从中世纪末开始生长的树，而大部分也存活了几百年。有一些还十分粗壮。在克雷兹省的特黑尼亚克地区，一棵 19 世纪初便已死亡的橡树周长超过 18 米。而同样于 19 世纪初死亡的洛林地区的另一棵橡树树干的圆周达 7 米，生长的源头可以追溯到 12 世纪。还有一些同样粗壮的树，如阿尔萨斯的橡树，1914 年死亡，周长达 7.6 米，与人一般高。上索恩省奥利库尔地区的菩提树，马拉谢尔地区的橡树，存活的年代几乎同样的久远。有些甚至更古老，如塞纳－夏狄戎地区于 1070 年种植的橡树。至于另一些，15、16 世纪的，其种植的时间都是后人撰书成文时确定的。

一般来说，这些树起初都是“轮伐时保留的幼树”，经过挑选的，因为它们最有可能开花结果，就和选种公马是一样的。一代一代地，这些树在原地生长，赢得了所有人的敬仰，而且人们常常会为它们命名。有一些还起到特殊的作用，如万森纳的橡树，圣路易便是在这棵树底下进行审判。我们还能想起历史上基佐尔的那棵巨大的榆树，法国国王与 1066 年成为英格兰国王的当时的诺曼底公爵正是在这棵榆树下见面。吉约姆·勒布勒东在用拉丁语写的诗《菲利比德》(*Philippide*)中也提到这棵树，“八个人手指碰手指才刚好能围住”。然而，1188年，法国与英国出现分歧之后，法国人为了报复，将气撒在著名的榆树上，将它砍成碎片，而英国人躲在城墙后面防守，法国人的举动激怒了他们的国王菲利普－奥古斯特，他大喊道：“我来这里是为了砍柴吗？”而当国王成为诺曼底的统治者时，诺曼底早已失去了这一受人敬仰、宏伟壮观的自然珍品。

有时，与长久以来对水源、喷泉的崇敬相类似，对一些树的崇拜也会跟传统赋予它们的多种功效相联系，如树叶的治病特性。树叶或者树皮，甚至不同的种类有不同的药效，而且不单单只有存活时间特别长的树才具有。其实，若干年之后，一棵树死去，而近旁的另一棵树，同一种类的，便能继承传统意义上赋予死去的那棵树的全部能量，并取而代之，继续接受人们的敬仰。

几百年来，教会千方百计地根除其他的信仰。基督文明伊始的时候，曾采取多种措施打击封建迷信的异教学说。452年阿尔勒主教会议上通过的23号教规提醒各位主教履行自己的职责：“如果在主教管辖范围内，发现不忠于自己的信仰的人，点小火把，或对树、喷泉、石头顶礼膜拜的，而主教又疏于将这些迷信活动铲除，那么主教应该很清楚自己犯了渎圣罪。”

禁令、逐出教会、惩罚，既然这些措施都不能杜绝普遍的迷信活动，于是教会像对待与季节相关的节日那样，试图将这些迷信活动也着上一层基督的色彩，重新赋予这些树以宗教传说，插入圣人的故事。例如，布列塔尼地区的朗德洛橡树，传说曾在圣德洛被当地庄园主放出来的一群猎犬追杀的时候，为他提供庇护。

尽管这些圣人中很少有出现在日历上的，但将这些虔诚的天主教徒当作幌子，教会便有理由对人们崇拜树这件事熟视无睹，和对水源、对喷泉的崇拜一样，人们对树的崇拜也可以追溯到基督文明之前，深深地扎根于日常的习俗中。因此，中世纪时，在上阿尔卑斯省的维涅地区，市政官吏必须宣誓保证对整个小树林的尊敬，这片小树林因曾经是高卢圣树林而著称。法国其他的一些树林也有这样的美誉，不过很多都没有详细的史料可以证明。

大部分古老的圣树，都变成了小教堂或其中安放了装着小圣像的圣龛。因此，梅里附近，以前的巴尔公爵领地，一棵橡树成了一座小教堂，树干中心安放着一只装有圣母像的圣龛。圣女贞德时期，人们在多姆雷米村庄附近做弥撒，站在“仙女树”前。对树的膜拜很少仅限于祷告：人们常常把写有愿望的纸条或代表愿望的物品挂在树上，期待可以如愿以偿——美满的婚姻，顺利通过考试，疾病痊愈，在外旅行或失踪多年的亲人、朋友的归来，等等。其中还有一些还愿物，代表了许愿人对神灵显现使愿望得以实现的感激。

另一些树，有时树干上被扎满了钉子，这也是一种习俗。离昂热不远的一棵拉巴吕橡树便是其中一例。卢瓦尔—大西洋省的波诺维尔地区，人们必须围着橡树转 7 圈才能把代表心愿的钉子扎到树干上，就像耶利哥的约书亚那样。奥尔良森林中，有一棵著名的“包铁皮的树”，所有途经的伙计、木匠、工匠、车匠都会在上面钉一个钉子，以祝愿自己的朝圣之路顺利，或者自己的手艺能为自己带来富庶的生活。有时一些施咒术也会利用树。北方省的阿斯农附近，离一座小教堂不远处，有一棵“破衣服树”，树枝上挂满了“朝圣者”的衣服碎片、破袜子和用过的绷带，这样做是为了让用过这些衣物的患者大病痊愈。

“环教堂”——布列塔尼地区有三种——是每年举行的宗教仪式，参加者必须走过很长的环形路线，沿途有小教堂、十字架或圣像作为标记，有时也可在一片归寺院所有的古老、神圣的小树林里进行。朗德洛的“环教堂”仪式中，参与者一路上还不忘记摘取圣德洛橡树的一小块树皮，圣德洛被奉为朗德洛市的圣父。这些小块树皮被视为护身符，可以防疾病，防意外，防火灾，保佑成功通过考试，甚至中彩票。一位冈贝尔的主教在主教座上痛斥这种为本堂神甫所容忍的迷信活动。但讽刺的是，这位主教也加入到信徒的队伍中，一起环教堂行走，还不忘取一块树皮护身。这一习俗过去一直保护着这棵树不被砍伐，尽管不久之后厄运难以幸免——或许是因为被摘取了过多的树皮而使寄生的真菌有机可乘，最终导致了其灭亡。几年来，人们还是在被砍倒的这棵树上摘取树皮；之后，和过去一样，人们将会选一棵近旁的树，同一种类的，继承了死去那棵树精华的，来延续这一传统。

因此，对树的膜拜，还有对水，对水源的崇敬，是整个中世纪教会试图根除，却遇到最顽固抵抗的迷信活动。人们或许已经多少有意地觉察到树的益处，这在我们今天也完全可以理所当然地确信这一点。实验技术也不断地从深入大自然的人的经验知识出发，认识到树木以及其他植物的益处，并从中提取有用的药材和经济效益。

从人还以自然为生的那遥远的过去流传下来的仪式，弄得教会惶惶不得安宁。11 世纪，一位名叫哈乌尔·格拉贝尔的修道士曾说："要小心提防形式多样的、或有害或有益的欺骗活动，这些活动现在充斥着整个世界，尤其偏爱将水源或树作幌子，就是因为病人常常不加分辨地对水源或树顶礼膜拜。"同一个时期，著名法学家、沃姆士地区的主教博夏尔公开发表了由他编撰的教会法规的一部分，题为《行医人》，这其实是对忏悔的一种计费制度。在这份能充分证明当时的风尚和信仰的文字记载中，树占据重要位置。因此，博夏尔站出来，反对对树的膜拜，反对对着一棵树而不是在教堂里进行祷告，反对在树上挂奇怪的小物件，或在树边点蜡烛。他还提到了供显灵仪式所用的小枝桠。其实，教会自知无法扭转人们对此的热情，所以索性规定了一个节日，这个节日在日历上与复活节有关——枝桠星期日。春季圣让节的大火烧毁了树木，再次让人们想起古时对冬至日的膜拜。12月25日，冬至，宣告了之后白天将越来越长，人们常把这一天作为耶稣的诞生日来庆祝。传统的蛋糕、圣诞树（“圣诞”这一名字取新年之意），是为了纪念树，纪念火，代表着每个人都可以享受冬日。

不合教会规定的树的神灵们——山林水泽的仙女、农牧神、山林女仙，常常为熏陶在古典文化中的诗人带来灵感。首先，是耳熟能详的，但不得不提的龙萨的诗句：

听着，伐木工人，停一停你的臂膀吧！
你砍倒的不是树，
难道你看不见一滴滴的鲜血
从生活在硬树皮底下的仙女身上流下吗？

几个世纪之后，阿尔弗雷德·德·维尼同样写道：

> 山林仙女们和树一样，消亡了，
> 因为你知道，牧羊人，这些脆弱的仙女……
> 活在树皮底下，命运让她们禁锢于此，
> 和树一起迎接生与死。

对特里斯坦·勒尔米特而言，汁液是树本身流淌的血液：

> 这棵古老的橡树带着神圣的痕迹
> 或许是圣人刻下的，
> 热血在其间流淌
> 树发出声声叹息。

小精灵，仙女，山怪，土神，人们往往将一些无法解释的现象，如仙女形成的圆圈，归结为他们的魔力，而教会又始终无法证明这些神灵其实并不存在。经过1000多年的斗争，教会终于默认了这个事实，并将他们作为魔鬼——官方宗教中的撒旦——的化身进行分类，而教会需要履行的职责便是将它们驱逐、消灭。

这些神灵尽管被贴上了恶魔的标签，但在许多农村人眼里，比起那些教士用一种他们难以理解的语言向他们灌输的抽象的概念，如神父、耶稣、圣灵、上帝、既是处女又是母亲的圣玛利亚，它们却显得更熟悉，离他们的生活更近。他们同样熟悉的还有那些被认为是与树相关的神灵们密不可分的人，巫师，尤其是与树木打交道的人——木工、偷猎者、伐木工人。一旦被怀疑，被揭发，那么这些人都有可能被追捕，被盘查。对巫师或巫婆的诉讼和审判从未停止过，无论是文艺复兴时期，古典时期，还是所谓的“启蒙时代”。他们的供认——严刑拷打下的产物——对于民众，对于审判他们的法官而言，都证明了教会所一直竭力清除的恶魔神灵的存在，同时也是对日常迷信活动的一种鼓舞。因此，农民们愈加害怕被尊称为巫师的人，害怕触怒他们，想方设法讨好他们。

有些品种的树，如月桂树，橄榄树，橡树，香桃木，经过时间的积淀常常含有某种象征意味。我们用桂冠表达对得奖人的敬意，甚至“桂冠”这个词也是从树名而来，奥运会上，常用树叶围成圈套在胜利者的头上，而月桂树在日常用语中也代表了各方各面的成功。棕榈叶一直是代表特殊荣誉的公认标志。十字军功章绶带上的棕榈叶表示的是军队的嘉奖，我们同样用学院棕榈叶来褒奖杰出的教授。某些树的树叶还用来装饰将军的军帽，或作为省长及其他高级官员的头饰。法兰西学院院士们着的绿袍也是从树的颜色借鉴来的。

树的一些标本显示其存活时间之长久，因此人们也常常将树与死后的名声相联系。所以用树来装点墓地也就不足为奇了，这也启发了不少作家和诗人。

因此，瓦莱里在“海上墓地”中看到了柏树丛中的火苗：

> 我喜欢这块地方，到处是火光点点，
> 这里有黄金，有石块，有枯树，
> 这里大理石在光影下跳动，
> 忠诚的大海在我的坟墓上休憩。

拉·封丹也提到橡树，他是这样描绘的：

它的头离天空是那么近
而双脚又触碰到死人的王国。

阿尔弗雷德·德·缪塞渴望有一棵为他哭泣的垂柳荫庇自己的坟墓：

我亲爱的朋友们，当我死去的时候，
请在墓地种下一棵柳树，
我喜欢它那哀怨的叶簇，
这种苍白让我觉得温暖、亲切，
它的树荫
会在我沉睡的地底显得轻柔。

最后，我们甚至可以提到……萨德侯爵。他也钟爱树的神话，树象征着回忆。佯装淡泊名誉的他于1814年12月2日在法国沙宏东逝世，遗嘱中，他特别交代，坟墓所在的这片土地上必须播上橡树种子，好让灌木丛生长，而他坟墓的痕迹也会“从土地的表面消失，如同我常常自诩的那样，我的光芒会从人们的思想中抹去”。

第三章　书写与记忆

情侣们在树上刻下自己名字的首字母，留下爱情的见证，这份见证可以超越此生，甚至会比他们之间的情谊更长久。龙萨渴望永远保留对埃莱娜·德·苏热尔的爱，而比起他本想刻在树上的字，他幻想着这些字随着树的生长越来越清晰，倒是他为她作的十四行诗更好地完成了他的心愿，并给后人留下了更深刻的记忆。

> 我在树干上刻下我们的名字和我们的爱
> 树皮更新，它们也随之交错，越来越清晰。

但是将树作为见证，在上面刻字的举动使树与人之间就记忆与书写方面的特殊联系变得更为紧密了。甚至"caractère"（字）这个字本身的流变也颇有意思；拉丁语中的 *character*（现代英语保留了这一拼写）来源于古希腊，指的是畜生身上作的铁记号，也指作记号所用的工具，后来也包括记号本身，树上的、石头上的或纸上的记号。之后又用来指称一个人、一部作品，或一种“风格”所不同寻常的特征。“风格”这个词一开始代表的是一种农具，后表示可以在搁板上写字用的工具（即30年代我们所说的蘸水钢笔）。用西塞罗的话说，工具便是为说话服务的工人。

柏拉图在《费德尔》中讲述道，当埃及的智慧之神多发明书写，呈现给埃及国王看时，国王让他小心这个可怕的发明物，因为这有可能会使人不再利用记忆，最后令其彻底丧失。然而，进步的步伐是无人可以阻挡的，即使起初的灾难不可避免，不久，几乎所有的人都具备了书写的能力。无论现在记忆存储的手段有多么先进，思想传承最重要的媒介依然是文字，17世纪，西班牙作家、诗人佛朗西斯科·戈麦斯·德·克维多·维列加斯曾这样写道："阅读，便是用眼睛来倾听死者的声音。"

倾听死者声音的另一种途径，由树向我们展示。在以色列，人们常常以种树的形式来纪念“正人君子”。为了缅怀一战中牺牲的战士，我们在塞文山脉的埃古阿勒峰上种了成百上千棵树。在荷兰，一部分公众坚决反对砍伐安娜·弗兰克喜欢并在手记中提及的树。有时也会选择种树来突出一件事的重要性。因此，大革命时期，随着旧体制倒台，即 1790 年，后又在 1848 年，法国到处都种上了“自由树”。

其实，对树的记忆是通过对与之同步发生、产生重大影响的事件的记载中得以具体化的。在北美有着几千年历史的树林里，发现了大火的痕迹，气候的变化，还有火山喷发，这些“日志”当中记载了火山喷发时散落的物质。然而，如同一本记载海难的航海日志那样，这一记录更确切地说是一份遗言，因为只有通过已经被砍掉的树，我们才能了解曾经发生的一切。

树与记忆之间的联系体现在诸多方面。在一些国家，树对人而言，代表了生活环境，是日常生活不可缺少的物资，同时因为有了火成为生存的方式，而文字从发明字母表到书的形成，也始终与树有着千丝万缕的联系，文字能使记忆具体化、更客观，至少比人的大脑那脆弱的记忆更可信。因此，法国也出现了源自北欧的“古文字字母”，孩子借助这些字母知道了儒勒·凡尔纳，若他们读他的书的话。大不列颠和爱尔兰岛直至10世纪还使用古文字字母，而斯堪的纳维亚半岛则一直用到14世纪（根据语言学家马塞尔·科恩的调查，完全消失是在20世纪）。

字母表上的前22个字母便是借用了树名，用树名的首字母代表字母表中的字母，如A, B, C分别对应的是洋槐（acacia），桦树（bouleau），榛树（coudrier），等等……若更进一步，识字读本中，为了帮助孩子记住一些词，常常给他们看画着具体物品的插图，许多不同的物品，告诉他们这件物品是以哪个字母开头的，但有时也会出现这样的情况，那就是指称物品的词的形象便能让人联想到物品本身。词源学会让我们不时地想起刻在树上的最初的一些文字，那便是法语中表示雕刻、图示、语法、拼写之类的词，还有“嫁接”（greffe）这个词（“嫁接”原指对树进行的一种手术，也指法院书记员的工作室），书记室（greffe）与书记员（greffier）两词的词根相同，即古希腊语中“写”这个动词，而用于在树或蜡板上雕刻的锥子在拉丁语中称之为*graphium*。

树同时也是思想的物质基础：我的小学作业本上，为了方便书写，一页页上打满了“横线”。但是“横线”这个词来源于拉丁语 *lignum*，意思是木制品，因其间平行的纤维而得名。“书”，和树一样，也有“页”（同“叶”），这个词来自拉丁语中的 *liber*，意思是一棵树边材与树表皮之间的那一层，因比较松散有时用来制成书写用的纸……字母表的字母德语中称之为 *buchstabe*，这个词也有木筷子的意思。语言学家告诉我们，爱尔兰语和古法语中，同一个词也指树和字母——这是由古文字字母通行时期传承下来的。

如今，我们写文章、起草文件、办报纸、发广告、包装所用的纸，都是由纸浆制成的。造纸使用的工艺令人想起埃及人的造纸技术，因为缺少树木，他们只得用植物纤维做成纸莎草。但是奢侈纸张尊重树木，因为它是用破布制成的，破布借助古老的碾纸技术而身价百倍。

在电子版和电脑屏幕逐渐代替纸张的过程中，促使树消失的最重要的原因是砍伐树木以供造纸之用，这远比树作为燃料的消耗更大。成片成片的森林每天都经历着新闻出版业和广告商的侵吞。树是影响气候的重要因素，大量伐木引发了气候变暖，我们中的大部分人已经认识到人为造成的原因，但之前又无视到怎样的程度。根据地区的不同，危害也有大有小，但这必将威胁到全人类。我们星球上的主人们，该是时候想起众所周知的那句与树有关的谚语：“不要锯了自己坐着的那根树枝。”

第四章　从城墙到教堂

自人类为自卫而开始抵御其他人或野兽的侵袭以来，便一直用到树木。尤其是在欧洲地区，早在用树修建真正的堡垒之前，便习惯于用树来建造防卫绿篱和战壕防地。诗人圣·琼·佩斯似乎梦想过这样的战壕，他提到了“这些橡树和枫树形成的高大暗礁，由枯萎的冷杉这样的拒马守卫着”。

儒勒·凯撒描绘了这些高卢北部内尔弗组人修建的绿色城墙，人们修剪小树，使之倾斜，小树交错的枝叶搭成了满是带刺灌木的木架，高卢战争时对罗马军构成了密集、茂盛、不可逾越的障碍。50年之后，昆蒂留斯·瓦卢斯指挥的军队被奥古斯丁国王派去攻打日耳曼尼亚，他们同样遇到了以这种方式建成的坚不可摧的堡垒，之后中了对方的埋伏，在条顿森林全军覆没。

中世纪时，法国东北部的一些边境使用类似细木做成的绳索。普拉西斯（Plessis），我们可以在地名研究中找到许多相关的例子，它指的是用砍下的树木修建成的工程，根部的树枝巧妙地交错在一起，使这一防御工程更为坚固，而这些树枝是从树的不同高度处截下来的，都带着树瘤和刺藤。巴黎盆地的东部蜿蜒着一道“布里绿篱”，长达几十千米，也是同种类型的工程，另还有壕沟作为补充。直至17世纪，西德一些村庄仍然用种着多种植物的护墙来防御外敌的侵入，村民们必须好好养护这些植物。离我们更近一些，1914年前，德国人在孚日山脉边境上修建了难以逾越的防卫路障，用的是枝叶繁茂的矮种松树，还有灌木、柴束和除去锋尖的木桩——另外还有细铁丝。

几百年来，树始终是民间建筑或军用工程的主要材料。阿勒吉亚城堡附近围着 圈绿色护墙，由种在地上、除去锋尖的木桩作防卫设备予以加固，以此来阻止骑兵的铁蹄，凯撒让人修这样的护墙便是为了战胜维托及托列克斯率领的高卢军队。而那时的罗马人，包括在中世纪时战斗所使用的武器，弹射器、弩炮、石弩等都完全是木制的，只有少数几个零部件是金属的，如炮弹头、凹处或轴心。

树木是一种可再生资源。在法国，自人类征服自然以来，以及整个中世纪上半叶，人们便毫无节制地享用它。历史学家雅克·勒高夫曾写道："中世纪是树木的世界。"所有的领地，无论是属于封建领主的，还是归新兴城市阶层的，或是农村种植用地，都必须种树，以确保经济平衡，即可以提供能供制造一切所必须的原材料，同时还可以当作燃料。习俗，法令，或是私人协议对砍伐树木都有严格规定，有时甚至禁用锯子，强制使用斧头，因为每砍一下，发出的声音便会在林下灌木丛中回响，这样便很容易被发现。

依照不同的需要，特别是建筑的需要，人们可以根据权限大小在森林或农村选择满足自己需求的树木。建筑所用的木在法国称之为"橡木板"（*merrain*），这个词来自拉丁语的 *materiamen*，词根是古希腊－拉丁语 *mater*，即母亲，指的是一棵树的原茎、树干，我们常将这一部分作为搭起建筑如小梁、大梁等构架的主要原料。这个词用于指称所有的建筑木料，我们可以在查理大帝时期的"国王教令"中找到这个词。法语中有一些词用于指称搭建不同部分构架的木料，它们源于同一个拉丁语的词根，如“madrier”（厚木板），而另一些词，如“basting”（冷杉厚木板）、“bastingage”（舷墙）、“bâtiment”（建筑物）、“bastide”（小城堡）、“bastille”（城堡）则有另一个词根，但都属于“bâtir”（建造）同一族的词。这些词的词根是法兰克语“*bast*”，意思是树皮。这个词首先是指碎树皮搭起的茅屋，后来指枝条栅搭的茅屋。因此，远古时代，当人类想要为自己建一个遮风避雨的地方时，他首先想到的便是树，无论他所掌握的技术如何。

1066年，诺曼人占领英格兰前夕，巴约的“马蒂尔德王后挂毯”，这幅创作于11世纪的“连环画”展现在我们面前的是一座木制的堡垒，似乎是建在一片自然或人工形成的高地上——或说是“土堆”，围攻的人正准备放火焚烧这座堡垒。挂毯上还画着将树砍下，建造战船，吉约姆公爵的诺曼人登上船，穿越芒什海峡，还带着他们的战马，以应对哈罗德国王的军队，最后终于征服了英格兰，这是拿破仑和希特勒均没有获得成功的战事。用树木造船这一创举也是促进构架艺术发展的一个重要因素，我们可以看到，特别是在诺曼底地区，中世纪教堂的构架，这常常勾起人们对造船工艺的回忆，之后，菲利贝·德·洛梅也正是由此获得设计灵感。

然而，从12世纪开始，法国卢瓦尔河北部的许多地区，人们察觉到粗壮大树渐渐枯萎死去。而几百年来，在这个凯撒时期被人誉为“树木丛生的高卢”的国家，人们只需走进树林便能找到合自己意的树木，不过，现在也暴露出问题，必须予以重视。在大量买卖树的标本的活动中，人们越来越担心能否保存好树木这一重要的资源，尤其将一些树木茂盛的地区保护起来，禁止垦荒。菲利普·奥古斯丁国王在这方面曾多次采取措施。而在这个法国北部地区，领主们也同样如此。

木制品的短缺是一段相对平稳时期的产物，在农村，没有战事，人口便会急剧增多，由此消费量大幅增高，这对11至13世纪整个建筑的框架、建筑风格的转变都产生了重要影响。这与我们讨论的话题完全吻合，那就是在不到一百年的时间里，树木带给人类的是怎样巨大而又重要的变化。

当时，人口的剧增引发了数次的饥荒，因此不得不继续扩大种植的面积，而作物——特别是谷物这一最基本的粮食的产量又非常的小。在法国，粮食种植面积的扩大主要是牺牲了森林面积，尤其是那些主要用于搭建构架的老树遭到砍伐。由此所带来的后果也反应在一些传说里。例如，在布列塔尼，圣伊万奇迹地将一段过短的大梁加长而收获一大笔钱，这根大梁原是建教堂用的。民间流言中同样也有类似的故事。修士苏格讲述了这样一个故事，建圣多尼教堂需12根足够粗壮的大梁，但他多方找寻未果，尽管有人告诉他可以到离修道院两三百公里以外的地方碰碰运气，这令他几近绝望，但最后终于在森林中找到了。他认为自己简直创造了一个奇迹："穿过乔木林，穿过茂密的森林，穿过荆棘灌木从，令所有人吃惊的是……我们找到了12根大梁。我们把大梁运到大教堂，置于屋顶上……这是圣主耶稣的恩赐与荣耀，他只把大梁留给他的殉道者，保护它们，以免落入小偷的手中。"

如今，绿色燃料的广泛使用影响到农业，引发饥荒，而相反的，当时在勒高夫所谓的"树木的世界"里，与饥荒所作的抗争带来的恰是树木的匮乏，这一完全可以被冠以"中世纪的石油"头衔的资源。

之后“哥特式”建筑的缔造者们便不得不接受并使用不结实、生长时间较短的那部分木材。维欧莱－勒－杜克曾写道:“森林是大陆上的开阔地，但从中再也找不到大量存活时间达两百年的树，因此建筑师们不得不对木材的质量和数量精打细算，而不能随意挥霍。”他还记述说建筑师们潜心于“在最庞大的构架中寻找……若他们需要一大块的话……用过的木料，组合在一起，代替类似的正方形”。如果需要竖形的一大块木料，“他们就把四根嫩枝捆在一起”。维欧莱－勒－杜克同时指出，一些树木茂盛的地区依然保留着古老的农场体系。

13世纪，维拉尔·德·洪内库尔的绘图手记同样反应了节约木材的必要性。法国北部和诺曼底地区的教堂建筑师们设想了一种“椽子—农场”的模式，即农场直接提供支撑屋顶的原材料——木撑条或板条。比起那些古时传下来的大规模农场，这些小型农场之间的关系更加紧密，对于宏伟的教堂建筑而言，新的模式更便于控制和抬起构架的各个部件，比传统的农场更便捷，也更利于建造比古时更高大的建筑。城市之间的争相模仿所带来的结果是，教堂的殿高得令人眩晕，某些大教堂的拱高达到 500 年后拱高的一半，直逼埃菲尔铁塔的塔高。

在罗马的建筑艺术中，拱顶的拱腹和模架的木材用量非常大，而不能被重新利用的木料也非常多。因此建筑师们想到为拱的弯曲度设定一个标准，这样，拱腹便能循环利用。同时，为了应对不同图纸规定的拱的尺寸不同的情况，他们开始采用“被切断”的拱——不确切的说法，也可说是尖形拱，意大利语、英语和德语中也称之为“尖”拱。维拉尔手记中的一幅草图展示了三个尺寸不同的拱，一个在拱腹中央，另两个“被切断”，他还标注了一行文字作解释：三者的半径相同。另一方面，人们把一个拱顶分解成多个部分，但必须是凸起的拱，而且由于被切断的拱的普及，整个拱顶由切成相同弯曲度的拱石修建而成。这样标准化的规定有利于行业本身的发展，有效地减少了切削模型的工作量。另外，这还有史以来第一次大规模节减了运输开销，成品的石块比未经切削的石料轻了一半，同时也可以打破原材料地域的限制，找到质量更上成的石料。此外，必须给削石工以精确的参量，提前设计拱顶的布局，这些都大大促进了描述几何学在具体实践上的发展，同时也对所有事先需要精确图纸的技术产生了重要影响。

因此，树木带给人类的变化不仅仅体现在12至15世纪法国乃至整个欧洲哥特式建筑的空前繁荣上，而且促进了多方面的发展，尤其是现今所有事先需要精确图纸的技术——建筑，公共事业，海事工程，各类性质的交通建设，航空工业，等等。

第五章　从艺术到战争

如果说树因其形状与颜色，根据种类、气候、季节、光照的不同，而成为画家和作家灵感的源泉，那么它同时用它的躯干为雕塑家和雕刻家提供了一种不同寻常的材质，正如雕塑家亨利·奈瓦尔评论石块所说的那样，树也是“一种有自卫能力的材料”。这场树与艺术家之间的斗争演变成亲密的合作。40年代，我在多菲尼森林雕刻一根樱桃树的树枝，看着它慢慢地变成了一把裁纸刀，形状像中世纪的战士，它是长久不衰的见证，我把它献给了我后来的妻子。但一开始，我并不知道这根树枝会变成什么样子：是树其本身在雕刻过程中告诉我的。然而，这根折断的树枝经过卢瓦尔河河水的冲蚀变得异常光滑，直到很久之后，我才在河岸上找到它，似遭遇过海难一般，我看到它显露出怪异的一面，而它的形状只能由它原本的那棵树决定。

因此，树木为我们的雕刻和浮雕提供了最适合的材料，它的纤维、结、色泽和幼嫩不同的部分，这些都启发着手工艺人和艺术家们从史前时代便开始对其进行雕刻、雕琢、修饰，并爱上它……印刷书出现之前，从人类一开始使用纸张，在木上刻字的方法由于木版画技术的发展便可以复印图画，甚至文本，15 世纪开始，这种方法运用于印刷书籍上，即初有印刷术时出版的书籍。

至于雕塑，中世纪时出现了不少感人至深（有时也不免天真）的作品，近代，法国的很多省也同样不乏艺术家与树之间亲密接触的例子。其中一些雕塑品非常有意思，但却鲜为人知，这些作品中跳动着生命的乐符，有时甚至带着点淫秽、不恭敬的味道——随意的画面，有工作中的手工艺人、当时世俗社会和神职人员不同风俗的写照，教堂的祷告席上、成千上万块“供靠坐的垫板”下都能找到类似的雕刻作品。这些座位，出于对年迈或患病的议事司铎和修道士的关心，开始是供他们方便用的，他们也不得不在没完没了的宗教仪式上保持站姿，站姿是宗教仪式上唯一被认为适宜的姿势。这一舒适条件起初只允许在特殊情况下使用，从 11 世纪开始逐渐普及，虽然说教者们一直竭力阻止。当时对雕刻的要求是，禁止宗教形象置于议事司铎和修道士的屁股底下，这是绝对不能接受的，然而，这些艺术家们却可以完全不受惩罚公众作品条例的限制，自由自在地在座位下面展示他们的才华，展现他们批判的眼光，还有他们的幽默感。多罗蒂和亨利·克劳斯对整个法国隐藏在垫板下的“世界”进行了大量的研究和评估，他们研究著作的法文版于1986年正式出版。法国曾经有数以万计这样的垫板（13世纪维拉尔·德·洪内库尔在手记的一幅画中证明了当时垫板的用途），虽然因为历史上的宗教斗争、革命、轰炸、火灾或被盗等多种原因，有时还由于某些不懂艺术又被雕刻的图案触怒的、严守戒规的教士的鲁莽举动，而造成无数的流失，但还有相当数量被保留下来。

与石头相比，树木是一种活的材料。“木从不会完全死去，因为在燃烧的火焰中，它带着一种激情，光芒四射地延续着自己的生命”，贝尔纳·克拉瓦勒充满诗意地写道。火确实让木消失了，但即使树被砍伐，木还依然活着：可以说木在“劳作”。和一些纤维围绕着树中心螺旋生长的“英国榆”树一样，有些“螺旋形”钟楼的尖顶，其构架会渐渐由于某种原因而成螺旋形，有的是木材本身的原因，也有的是因为潮湿的环境，还有的——左旋或右旋的树都有——可能与太阳每日的运行有关，太阳日复一日的缓慢运动不仅影响着树的生长，同样也影响着很多教堂尖顶的构架。

树的形状多种多样，数不胜数，包括它们的树干或树枝，树不断长大，人类从中获益。一块自然弯曲或叉形的木块比相同体积的合成物或拼接物具有更好的耐久性。孩子会本能地选择用一根叉形树枝做成的弹弓。因此诗人圣·琼·佩斯曾提到“寻找肘形的木材是为了造船头”。这些自然弯曲的木材不仅可以用于制造船只，也可以用于建造教堂，教堂的大门、侧门和里面的护壁板，甚至在诺曼底、英格兰、阿尔萨斯、黑森林和其他许多多木国家，这种木材成了修成“板条墙”的材料，在浅色粉刷层的衬托下，用褐色木工染料涂过的、有时弯曲的横档成了“木筋墙”单一垂直构架的点缀，“木筋墙”这个名词来自于嵌在墙壁里的“柱子”。

中世纪时，在法国北部，英格兰，还有许多欧洲的其他国家，城墙里面城市与城市紧靠在一起，人们住的几乎都是木结构房屋，各家各户挨在一起，通常只在敞开的屋子里烧火。所以，火灾也频频发生。沙特尔城在989至1210年间共有三次遭遇火灾，并祸及大教堂，也正因此火灾在史料中有所记载。同一时期，努瓦荣、贝叶、兰斯分别发生过两次，塞斯、纳韦尔、奥尔良、佩里格各一次。1200—1225年，鲁昂曾发生火灾六次。1293—1333年间，塞斯、纳韦尔、拉瓦勒位于被焚毁的城市之列……自12世纪，人们开始采取措施，首先强制要求各家各户之间修起石墙或砖墙，然后规定房屋必须用石块或砖作为材料，用瓦片、板岩或板石，而不能用茅草搭屋顶。1137年伦敦发生大规模火灾，引起城市规划准则的众多变革，因此英国人甚至认为这些破坏性事件加速了建筑从罗马到哥特式风格变化的进程，理由是建筑师们不会重蹈覆辙，而会采用一些新的技术。法国的情况也同样如此。

但是，由于构成成分、树本身的生长情况等因素的不同，木料的耐久性、隔热性均有优劣之分，因此要根据不同的建筑选择不同的木料，对气候寒冷地区的建筑要尤其谨慎。这些地区，木料往往不是用于壁炉的明火，而是置于用耐烧物质制成的火炉中，这样可有效防止火灾的发生。枝干挺拔的树是修建俄式建筑的上好材料，俄式楼房一般需要大量的树干，堆放在一起，叠合的面大致为方形，巧妙地被切削并与墙角接合。斯堪的纳维亚国家的某些建筑是使用木料的绝妙典型，设计精细，刻有多种不同的图案，历史长达好几百年。如果说木制比石制更容易被毁坏，那么由高超的手工艺者完成的原样翻新则使得这些建筑物千百年来依然看似完好如初，有些甚至已被列入历史古迹，但某些建筑物中再也找不到当年建造时的任何部件。而木结构建筑的便利也使得木料成为今天成批房屋建筑所使用的主要原材料，尤其是在美国。

大型工地上也常常将木材作为主要原料。直至19世纪，所有的高楼，过渡性的部件，如拱腹、模板、脚手架、通道板、掩蔽所、入口的梯子或栏杆都是木制的。工地上用的器具，如起重机、绞车、起重吊杆也是木制的，中世纪时这些工具也具备良好的性能。勃鲁盖尔的画展示了大型的旋转起重机，一些教堂的顶楼上还有相当数量的起重齿轮，人在齿轮里面走来加以控制，就像孩子们喜欢的仓鼠那样，有着所谓的“松鼠的齿轮”。即使是在木材十分匮乏的国家，如非洲的努比亚，为修建纳帕塔和梅罗伊国王的金字塔陵墓，人们还是使用由尼罗河河谷地区使用的抽水机改造而来的起重机。这种机器由一根又粗又长的平衡杆构成，平衡杆置于叉形底座上，一端挂着平衡锤，于是可以提起另一端的重物。

木材不仅曾用于制造建筑用具，还是制造武器的主要原材料。当时古罗马人使用的弹射器和弩炮都是木制的。有些是根据拱形原理，利用了一些粗壮树枝的可弯性，用绞车可将一端向后拉，后放开，在弹力的作用下投射物就被弹射出去。但是能被弹射的物体的重量是有限制的。中世纪时，人们一直在寻找一种方法，既能提高射程，又能增加弹射物的重量。一种挂着砝码的摆锤便应运而生了，这也算得上是中世纪威力最强的武器。1147 年，当法国人在里斯本使用这一武器时，对手因为第一次见到，戏谑地称其为“小天平”，即转换器上用的天平，类似于加砝码的信件秤。有了这样的武器，十字军东征时期，人们可以把重达100公斤的硬物或装满易燃物的罐子射到300米以外，足以破坏上面的结构，毁坏坚固城墙内的建筑，萨拉丁征服巴勒斯坦时便是使用了这种武器。历史上甚至记录下了如此残忍的事情：用这一武器将一位暴露身份的间谍，经由空中之路射回敌营。即使在普遍使用火药之后，这些武器依然没有退出历史舞台，因为它们的战斗力显然比新发明的坦克更稳定。达芬奇也画过一个巨大的弩，1481年，他在致鲁多维克·斯福扎的信中提议说："不能用坦克的地方，我可以用弹射器、投射机、小天平或者其他武器代替，它们同样有令人称道的威力，只是目前还很少有人知道。"

第六章　树发明了齿轮

史前的欧洲，为了处理布列塔尼人所谓的“巨石”或为了修建带顶的艺术长廊，即石棚，人们需要运输巨石，有时甚至到很远的地方，那么他们可以用树造筏，若是他们具备水路的条件，并有足够的木材的话，这样阿基米德的浮力就能帮助小船和巨石始终漂浮在水面上。在埃及，方尖碑也是经由水路到达卢克绍尔神殿，而其中一座于1836年乘着一艘帆船，穿过地中海，来到巴黎，被安放在协和广场上。但一般来说，巨石到达目的地总免不了一段或长或短的陆上运输。

正是在这方面，树发挥了重要作用：它在生长的同时能自然地形成同心圆，而截断的树干切面也是圆形的。一块巨石若放在几根尺寸相近的树干截下的“辊子”上，即使是在不平整但足够坚硬的地面上，一群工人用一根粗绳索便能搬动它。重物逐渐向前，后面的辊子可以移到前面，这样，仅仅需要几根辊子就能完成原来的难事。同样也是借助木制的撬棒，地基旁的巨石才能摇摇晃晃地被落到事先凿好的位置。独石柱能挺立几个世纪之久，也是因为下面有石块和泥土垫稳，有大块的木头夯实。因此，并非那些肌肉发达的巨人，如马耳他岛史前庙宇中呈现的那样，采掘、搬动、安放这些巨石，而只是一些普通人，凭借他们的智慧，有组织地完成了这些工作。

几千年之后，诺曼人的探险航船若是碰上一座强大的城市或坚固的桥，便是通过这样方式被搬运的。在法国就发生过类似的事，886 年，诺曼人围攻巴黎，但最终没有拿下，于是绕过巴黎，用树干做成的辊子移动他们的大船（人们不恰当地称之为“龙头船”，取其船首形状的名字），直到重新走上海路。在俄国，他们就这样穿越了整个国家，逆注入波罗的海的支流而上，跨过分水界之后，将他们的船置于河中，驶向黑海，去包围拜占庭。为了使滚动更方便，特别是在那些沼泽地或不太结实的地面，长的树干，表面的枝节清除之后，顺重物移动的方向放置，固定在地面上，形成两条平行的轨道，这样辊子比在一般地面上就更容易滚动，因为若地面不够坚实，容易往下陷。用轨道形成的地面滚动原理在开始使用轮子之后会显得更为有用，因为人们想到将轮子与轨道相结合，设计一种合适的断面，而只有用金属制造轮子和轨道，重物才能通行，并且两根轨道之间必须始终保持精确不变的距离，而几十年来使用的轨枕均是木制的。

全世界各个地区遍布的“铁路”网是交通运输和全球经济发展史上的一大革新，这是任何其他陆上交通工具的改进都无法替代的。因此，可以说是树木的潜能为我们“指明了道路”（这里用这个短语来表达最合适不过），如今的高速铁路便是最好的例证。

然而，要是碰到地面不是那么坚实，又该怎么办呢？还是树提供了解决的办法。由于木材密度小，因此可以用于航海。一开始，将树干连在一起形成一个露台，这就是最简单的筏，不过这也说明树木还能用来造船，起初是在粗壮的树干上凿出一个大洞，做成小船，而后的船只做工更讲究些，即用接合的零部件制造而成，可以渡江过海，也便于操控，由木桨作驱动，后又装上了桅杆，桅杆也是用挺拔粗壮的树干做成的。不仅如此，同时也需要一些自然弯曲或有分叉的树，因为这样的形状比拼接而成的更为牢固。有这样结构的树不仅可以用来制造重要的零部件，如船首，而且也可以用于制造带轮的交通工具。木材也是做雪橇的上好材料，雪橇既可以在长满草、摩擦力很大的表面，也可以在雪上使用。但雪橇也可用在斜坡上，将重物运下来。乎日山脉地区，伐木工人不无危险地使用一种运木撬，可以将从高山森林伐倒的树的树干上砍下的木柴运到河谷，走的是一条顺着最陡峭的斜坡开的“木头道”，将树干平行放置，用圆木棍相连形成台阶，这样搬运工人就能在重物前面顶住它。

轮子的发明是极少几项与大自然无关的事件，皮埃尔·卢梭这位交通运输史的描绘大师将其视为“有史以来造福最广、最值得颂扬的发明”。然而，大自然本身（我们似乎可以把它拟人化为“最高主宰”，1791 年，罗伯斯庇尔和其他革命者便对它顶礼膜拜）的创造性，其多样性，其丰富程度，都是令人赞叹，无可比拟的。但是人类世界并不是循环往复的，没有一个器官能够超越有限的角度，围绕一个中心转动，而不会破坏将其与身体的其他部分相连的肌肉、血管、神经等，其他动植物也是同样。

而且，有些国家和地区并不知道轮子，轮子的发明也不容易得以推广，但很难设想这项发明未曾受到树的启发。交通工具的发展中，起到关键性作用的是轴的发明，原先人们利用的是与重物分离的配件辊子，而轴却是车轮不可分割的一部分。来自公元前 4000 年美索不达米亚的乌鲁克地区（即今天的伊拉克南部城市瓦尔卡——译注）的一幅图文并茂的版画，展现的是置于雪橇状底座上的一间看似尖顶的小房子，或是一座金字塔的尖顶，底座下面是两根很粗的辊子。但辊子中心标了一个小白点，可能就是轮子。而在美索不达米亚的吾珥和基什这两个地方始于公元前 1000 年的坟墓里，人们发现了四轮货车。这一版画或许能成为从辊子向车轮过渡的见证。

但是，发明轮子之前，人们总是利用环形活动，比如，为了生火，就用手迅速地转动从树上截下的小木棍，或用带尖头的石块凿孔，如工具手柄上穿根绳子，或者刺穿贝壳做成项链。做陶器的人可以用一块制造器皿的木板，慢慢在自己跟前转动器皿，他便能发觉圆形托盘是多么的灵活。若用木钉刺穿圆盘，木钉的另一端钉在底座上，他就能用手柄轻松地使圆盘围绕一个固定的点快速转动。因此，轮子发明之前便有了转动。其实，在美索不达米亚的厄尔克，苏美尔地区，发现了一个有4000年历史的陶制轮子，直径为90厘米，而早先考古学家们已在这里发掘出3000年前的带轮车。孩子们可以拿陶制轮子当玩具，而只有善于观察的人，注意到圆盘的中心总是与地面齐平之后，才能想到要将这样一个东西用于承载重物。

若真的要制造轮子，沿树的横切面切下的薄片是不适合的，因为同心圆的构造无法确保轴与滚动的圆圈之间的紧密联系，而一旦投入使用，这样做成的轮子极易破碎。起初，轮子是由两根垂直的木轴构成的，做轴的木板是按照一个圆沿树的边缘切下，之后再用软木或金属制成的轮缘予以加固。削成圆柱形的轴的一段穿过中心凿出的圆孔，来提起重物。但是这种粗糙的方式所存在问题是在轮子围绕轴转动的地方，总需要不断加油来减少巨大的摩擦，重物越重，效率也就越低。

一开始，也是因为有了树，将这一不便降低到最低的程度。其实，多亏了史前所使用的辊子，才大大减小了两个表面的摩擦，使活动更加自如，一个是重物表面，重物随另一个表面，即支撑它的地面而动，地面状况从最初使用辊子以来已经有了长足的改善。滚柱轴承（后来变成了滚珠轴承，滚珠轴承的凹槽里侧表面的摩擦更小）的想法首先出现在一幅画中，这幅画虽不壮丽，却也是达芬奇的真迹，是存放在马德里的一份手稿。滚珠轴承在机械工业中几乎是不可或缺的，而一想到“滚珠”这个词在伐木工人那里，指的是被伐倒、无分枝的树干，用于造大梁或锯开作木板，就不免让人听了刺耳。

在机械术语中，总是离不开轴这个词，因为法语的这个词让人想起产树脂的大型植物那挺拔的树干，它可以用于指称所有有助于完成旋转运动的圆柱形和直线形的部件，如水磨机的轴，凸轮轴，等等。

第七章 从工具到音乐

我朋友米歇尔住在诺曼底，屋子后面有一块牧场，他时常修剪，这可让家里养的驴有了享受的地方。牧场上还种着树，驴慢慢爱上了吃树皮；有时，驴把小树枝折断，然后有滋有味地啃起来。整个牧场用电线分成了小块，而驴把一块地上的树享用完之后，我朋友便从固定在小立柱上的钩子取下原本勾住的电线，于是驴又可以到旁边的地上继续享用，那里的草或许更茂盛、更新鲜，也更能满足它的口味。驴始终被限制在一小块草地上，而且这块草地常常是主人认为还没有完全修剪好的，经过驴的踩踏，变得越来越不诱人，因此驴总是觊觎着旁边一块草地上那令人垂涎的青草。但因为那根可恶的电线，它却过不去。

主人好几次发现电线从钩子上被取下，横在地上，他还以为是难得的意外。可意外屡屡发生。主人猛然想起那句古老的拉丁法律用语：“*Is fecit cui prodest*”（犯罪的人即是从罪行中获益的人），但他却怎么也弄不明白驴是怎么把勾在钩子上的电线取下来的。于是接下来几天，他从天蒙蒙亮便开始监视牧场上发生的一切。罪犯被当场捕获：一天，驴靠近被禁止入内的那片草地，嘴里衔着一根树枝，它把树枝伸到小立柱边上的电线下面，没有任何触电的感觉，于是动一下头，电线便从钩子上脱落，沿着小树枝滑到地面上。驴赶紧越过界线，去品味诱人的嫩草。因为这种事时有发生，人们甚至可以将其拍摄下来，于是人们不得不承认这样一个事实：驴将树当成了一种工具，以此完成一些之前不太可能做到的事情。

同样地，人类也可以利用树作为工具，起初只是单纯地将其视为手臂的延长，可以取到树上的果子，或“从树上打落”坚果或橡果。14 世纪，一幅名为《贝里公爵的美好时光》的细密画便展示了这样的情景，一些公猪不断地在农民脚边蹭，就是为了吃到农民打下来的橡果。

贝汤·吉尔曾在“技术史”中写道：“归根结底地说，工具，无论多么原始，都是人类的首次见证。”我想其中树也起到一定的作用。如果一个半树栖的原始人看到诱人的果子而自己又够不到，那么他就会想到用一根折断的树枝帮忙，如同米歇尔的驴那样。但很快，人便会意识到，这可以当成一种工具，甚至是武器，使原本只能用手臂的打击力大大增强。人类从能人发展到猿人，改变环境的能力不断提高，因为他开始利用树，并逐渐改进工具，工具的种类也越来越丰富，有锄、钩、锤。之后，他又将这些工具用于防御、狩猎，其他工具如大头棒、助推器、矛、标枪、弓也都有同样的用途。原先的同类变成了对手，甚至是敌人，那么他用这些武器去攻击他们也是无可厚非的了。

将木材的属性与石料、金属的属性相结合，于是出现了石斧，继而又出现了带金属刀刃的斧头，十字镐也慢慢代替了原始的锄头。手柄的发明使利器的尖部远离转动的中心，从而可以提高角速度，增加冲击力。斧，即斧头最锋利的锲形（形似“锲子”）部分，若没有手柄就不能使用，正如睿智的民间谚语所说，“没有了斧，也不能把斧头柄扔掉”，也就是说失去了用于切割的那部分。所有乐于双手劳作的人都知道，如果工具柄，其形状，其重量都能恰好适合握工具的这只手和需要完成的活计，那么这将是一件多么愉快又受益的事情。

有些用来制造弹簧的木材或由铰合线制成的元件，其弹性能先积聚后释放能量，这也运用于弓和弩的制造中，甚至包括古罗马人用的弩炮，也是弩的一种，只是体积更大，而且可以变向，还有达芬奇设计的巨弩。陶器制造者和磨刀工使用的最初的一些水动锯是仿照脚蹬车床的结构形式，只是缩小了尺寸，同样是利用一些树枝的伸缩性，将锯子的刀刃挂在粗树枝的一端。锯刀在凸轮运动的作用下往下降，机器的轮子每转动一圈，锯刀就能锯一块“原木”，树枝弹起，锯刀往上，而另有一台机器控制未经处理的木材，每锯一次，向前运送一块木材。13 世纪初，维拉尔·德·洪内库尔的绘图手记中便出现过这种机器最古老的模型。这种机器经过重新调整，确实在意大利靠近阿西西的贝瓦纳小镇的一条河上使用过。

这些机器的效率得到了大幅改善，与锯木工相比，它们锯木速度之快有时不免让当局担忧，因为人们害怕因此而使大批保护环境的树木去无踪影，特别是在一些山区，树木的覆盖可以有效防止水流冲蚀和雪崩。因此，在阿尔卑斯山南部的科尔马斯，13世纪末，行政官员们看到因机器锯木导致的毁林事件之后，下令拆毁机器。但是接下来，在所有的地区，使用先进机器的势头锐不可当，于是政府采取措施保护森林，并且对树木砍伐进行严格规定，试图将伐木的数量控制在当地森林可以自然生长的范围内，而不会导致树木数量的减少。

然而，除了用来制造工具之外，木材这一到处行善的材料还可以制造日常生活中用到的所有器具，如盆、勺、碗、匙、小容器，还有澡盆。至于那些装液体的大容器，远古时代，地中海沿岸的居民曾使用泥制的双耳尖底瓮和水罐，但这些容器十分易碎，而羊皮袋又不能很好地保存葡萄酒的香味：高卢人酷爱喝葡萄酒，他们拥有成片的森林，但适合葡萄树生长的地区却十分分散，于是他们发明了用木桶来装酒，木桶是用切削过的木板拼接在一起做成的，即所谓的“桶板”，当然最好是用有一二百年历史的老橡树作原材料，另外还要用粗绳紧紧地缠绕住桶身，粗绳起初是用软木铰合而成，后来便开始用金属素。树在这里起到了一种新的作用，那就是根据做木桶的木材的不同质地，装在木桶里的酒也会有不同的味道。“橡木酒桶酿制”这一标签可以大大提升葡萄酒的口感及其市场价值，所以说树对提高葡萄酒的质量也很有帮助。此外，某些葡萄园的名字也说明，如今种着大片葡萄树的园子很久以前曾是茂密的树林，虽然当时因为种植葡萄而使树林遭受毁灭。然而，“夏布利”这一家喻户晓的名字告诉我们的是，在这个地方不曾经历过砍伐，护林员口中的“夏布利”指的是自然死亡的树木。其实葡萄种植者们也避免将所有的树木都砍掉，他们常常把一些普通的树种植在光照或土壤质地不完全符合种葡萄树的地里，因为种植葡萄需要大量的木材来搭葡萄架，也需要用木材做成围栏保护葡萄园，防止羊群的侵入。而且，做装葡萄酒用的木桶也离不开木材。因此，葡萄园与树木之间存在着一种“共生”关系。

在音乐方面，树同样扮演过重要的角色。作为舞蹈的旋律，起初是用树枝相互碰撞发出单调的声音；之后，通过敲打一个空的容器，后来，人们想到用动物的皮绷紧置于容器的开口上，或套在木环上，然后用手指或小木棍敲打，便能大大改善音质。这种方式做成的共鸣箱便是鼓的雏形，后来也是木材帮助它确定了最终的形状。继最初的打击乐器之后出现的是管乐器。当人们开始吹一根空的管子，如芦苇，或是中空的树枝，然后再在上面戳几个小孔。他很快发现，或堵住其中几个孔，或用连在一起的长度不同的管子，发出的声音会不同，比如，在牧神之笛中，维吉尔在《农事诗》的第四卷所高度颂扬的牧羊人用的便是这样的管子。因此，由于木材的不同质地和特性制成了各种不同的乐器，哨子、芦笛、长笛、双簧管。木材并没有完全被铜或诸如中空角质物之类的材料所取代，这些角质物常常取自反刍动物或异国动物，如象牙号角，具有防御能力的象牙可以用来制造多种乐器。

而后，人们想出了无数发出乐声的方法，普遍使用铜之前，木材一直是制造乐器的主要材料，尤其是弦乐器，其形状和样式都非常多变。制造弦乐器常常需要各种不同种类的木材，我们从乐器的演变史便能窥见木材的重要性，从 13 世纪的列贝克琴到 17 世纪的古提琴，再到斯特拉地伐利制造的小提琴。至于钢琴，木制的共鸣箱对于整个钢琴的质量及其发出的声音都起到关键作用。

因此，树为人类提供工具之后，又带来了音乐。

后记　树与人

在人的想象和日常生活中，树——所有生物中，人类遥远而又古老的朋友，尽管有些物种历经千百年历史存活至今——始终占据着特殊的位置。树木所形成的祥和环境是维系人类精神世界平衡的必要因素，也是使我们的星球能永久居住的首要条件。得到或者失去树带给人类的一切——木材，还有火——都会对人类产生无可估量的影响。

矛盾的是，树也常常会带来灾难——人为或自然原因导致的——还有战争，这些起初会带来生活方式的变化，进而引起技术的革新。中世纪时，西欧多座城市接连发生的火灾虽然焚毁了许多宗教建筑，另一方面却促进了建筑的发展。在法国，由于人口猛增及其引发的生存问题，而农业产量又非常的低，大规模的垦荒成为完善建造技术的首要动力，改变了木材作为唯一原材料的状况，同时也促进了几何学的运用，几何学此后广泛应用于自然科学和工业的诸多领域，重塑了原有的生活结构。

自人类有史以来，以及在人类的整个发展过程中，若没有树为他提供木材，不产生火，那么很多情况下他都难以生存。木材为人类开辟了道路，陆上的、水上的、空中的，这些交通运输方式使人类改造世界成为可能。树产生了火这一能量的最初源泉，因此树也是使用金属的手段，是催生工业的原动力。

树保护着各种各样的生命形式，维护着人类本身的生存，也正因此，它才受到人们的顶礼膜拜。树也是难得的指明灯。因人为毁林或沙漠化造成的树木的流失，这首先便说明大气中二氧化碳储存能力的减退。一片土地，若没有树和灌木，它将很快成为荒漠。要是不采取防止沙漠化的措施，超过三分之一的现有土地将难逃此厄运。倘若听之任之，最终将危害到 5 亿人的利益，到本世纪末这个数字将是原来的 5 倍。事实证明，相对于整件事的重要性而言，采取的措施是极为有限的，因此必须对症下药地改善对水资源的管理，改进农业和森林管理技术，最重要的是，在恢复阶段，为农民们提供足够的资金让他们能继续耕作。

没有树，人类便不可能认识地球，在此找到自己的居所，并对其进行开发利用。可以肯定的是，失去了树为人类带来的一切贡献，人类便不会存在，没有自身的进步，没有生活结构的变化，无论是好是坏。因此，今天，人类，即便出于自身的利益，也要好好地保护这位最古老、最忠诚的朋友。

R. B.

2008 年 4 月

“远近丛书”编辑委员会

作者简介

唐克扬

原籍安徽合肥，哈佛大学设计学博士，芝加哥大学艺术史硕士，他策划并设计的展览包括威尼斯建筑双年展中国馆（2010）和德累斯顿国家美术馆“活的中国园林”展（2008）。唐克扬致力于建筑和艺术相关的教学，研究和实践，并有《透明石》《长安的烟火》等艺术、文学作品发表。

巴士曼

法国作家，建筑师，中世纪文化史家。

图书在版编目(CIP)数据

树/唐克扬,(法)巴士曼著;沈珂译.—北京:北京大学出版社,2011.6
(远近丛书)
ISBN 978-7-301-18368-7

I. ①树… II. ①唐… ②巴… ③沈… III. ①比较文化-研究
IV. ① G04

中国版本图书馆 CIP 数据核字(2010)第 264977 号

书　　名:树
著作责任者:唐克扬 [法]巴士曼 著 沈 珂 译
责 任 编 辑:梁 勇
标 准 书 号:ISBN 978-7-301-18368-7/I·2304
出 版 发 行:北京大学出版社
地　　址:北京市海淀区成府路 205 号 100871
网　　址:http://www.pup.cn 电子信箱:pw@pup.pku.edu.cn
电　　话:邮购部 62752015 发行部 62750672 编辑部 62750883
出版部 62754962
印 刷 者:北京中科印刷有限公司
经 销 者:新华书店
787 毫米×1092 毫米 32 开 4 印张 6 插页 56 千字
2011 年 6 月第 1 版 2011 年 6 月第 1 次印刷
定　　价:16.00 元